Justiça Restaurativa em Prática

Conflito, conexão e violência

Mayara Carvalho

Instituto Pazes

Belo Horizonte

2021

Informações para contato:
E-mail: mdecarvalho@live.com
Instagram: @maylizarb
Academia.edu: https://mayaracarvalho.academia.edu/
Site: www.pazes.com.br

Carvalho, Mayara.
  Justiça restaurativa em prática: conflito, conexão e violência /
Mayara Carvalho. – Belo Horizonte: Instituto Pazes, 2021.

  190 f.

    ISBN 9798743307692

  1. Direito. 2. Justiça restaurativa. 3. Conflito. 4. Conexão.
5. Violência.

"[...]
Já não sonho, hoje faço
Com meu braço o meu
viver".

Brant e Milton Nascimento,
Travessia.

Agradeço a Gustavo Silveira Siqueira, meu marido e primeiro leitor deste livro. Quantas das minhas obras não têm se tornado completas na convivência com você, meu amor?
"A felicidade se torna real quando é compartilhada".

Sumário

APRESENTAÇÃO

Em outra oportunidade, publiquei minha tese de doutorado quase sem modificações no livro "Justiça Restaurativa na Comunidade: uma experiência em Contagem-MG". Tinha diversas questões quanto ao seu conteúdo, mas acreditava que a publicação de pronto me ajudaria em pelo menos dois aspectos: a) aceitar que uma obra sempre pode ser melhorada e que mesmo a palavra escrita não é definitiva; b) permitir que o tempo e o diálogo com outros leitores contribuíssem para seu aperfeiçoamento.

Pensava em publicar uma segunda edição que contemplasse atualizações, revisões e ampliações que refletissem a riqueza desse contato com outros olhares.

Contudo, ainda me parecia que algo não estava muito certo nisso tudo. Aquele outro livro é uma obra de cerca de 400 páginas, sendo que diversas delas retratam método de pesquisa ou trazem um recorte bastante acadêmico.

Acreditava que isso poderia afastar ou, ao menos, cansar outros tantos sujeitos que praticam e estudam a Justiça Restaurativa, mas que não são propriamente pesquisadores. Ao mesmo tempo, achava que a riqueza da pesquisa de campo era um diferencial importante mesmo para esses sujeitos e me peguei pensando sobre a real utilidade de colocar no mundo mais um livro puramente teórico de Justiça Restaurativa.

Foi quando optei por uma outra via: decidi lançar esse livro, trabalhando a prática da Justiça Restaurativa segundo o tripé conflito, conexão e violência. Parte considerável dessa obra é inteiramente nova. Outra parte da revisão e atualização de alguns pontos da minha tese de doutorado.

Com isso, procuro unir acessibilidade do conteúdo com a riqueza dos dados primários coletados durante anos de pesquisa empírica.

Assim como a anterior, essa "obra se completa no outro". Ela tem mais sentido agora que chegou até você.

Belo Horizonte, abril de 2021.

CONSIDERAÇÕES INICIAIS

Cada vez mais, tenho percebido a importância de ser intencional sobre as teorias que embasam nossas práticas. Se isso é importante de maneira geral quando se trabalha com conflitos e conexão, imagine quando se está diante de uma visão de justiça que pode ser operacionalizada por diversos métodos – ou mesmo por método algum.

Minhas pesquisas e práticas em Justiça Restaurativa têm me indicado que é fundamental ter intencionalidade sobre perguntas como "o que vai acontecer se escolhermos um processo, e não outro?", "quais atores devem estar envolvidos?", "no que essas pessoas acreditam?", "quais diálogos precisam acontecer?", "quais os propósitos dos participantes?", "o que pode contribuir para que essas pessoas atinjam seus propósitos?".

Sem essa intencionalidade, acredito que passaremos grande parte do nosso tempo buscando responder a perguntas que desconhecemos e que, por ignorá-las, dificilmente conseguiremos satisfação.

Mais do que buscar respostas, é preciso que nos debrucemos com maior ênfase nessas perguntas.

Rene Descartes dizia que não descrevemos o mundo que vemos; ao contrário, nós só enxergamos o mundo que somos capazes de descrever. Como um dos princípios fundamentais da Justiça Restaurativa é a transformação de conflitos, comunidades e relações, esse exercício de "trocar as lentes", do qual fala Howard Zehr, demanda intencionalidade sobre as teorias que embasam nossa prática.

Esse livro tem por objetivo expor ao diálogo algumas reflexões que venho desenvolvendo nesses anos de pesquisa e facilitação de justiça e práticas restaurativas. Não é uma doutrina de verdades irrefutáveis. Antes, é um passo nessa proposta de construção coletiva da consciência e intencionalidade para o aprimoramento da Justiça Restaurativa que temos construído no Brasil.

Embora seja autora única, este livro, tal qual existe hoje, é fruto do que pude apreender no contato com outros facilitadores, participantes de práticas restaurativas e com sujeitos e comunidades pesquisadas.

Nesse momento, considero importante frisar que, especificamente quanto aos dados empíricos fruto da minha pesquisa de doutorado, as narrativas e elementos que apresentarei no decorrer dessa obra foi fruto de entrevistas a lideranças locais, usuários e executores do

Programa Conjunto *Segurança com Cidadania: prevenindo a violência e fortalecendo a cidadania com foco em crianças, adolescentes e jovens em condições vulneráveis em comunidades brasileiras* na região administrativa do Nacional, município de Contagem, estado de Minas Gerais.

Como ressaltei na apresentação, trabalho melhor o método e os dados dessa pesquisa em outra obra[1]. Aqui, apresentarei apenas os relatos que reputo fundamentais para uma maior compreensão da importância dessa intencionalidade sobre as teorias que norteiam a prática restaurativa. Farei isso amparada no tripé conexão, conflito e violência, que acredito constituírem as bases das práticas de Justiça Restaurativa.

De todo modo, ainda nessas linhas introdutórias, apresentarei brevemente o

---

[1] Cf. CARVALHO, Mayara. **Justiça Restaurativa na Comunidade:** uma experiência em Contagem-MG. Belo Horizonte: s. e., 2019.

Programa pesquisado para que o leitor tenha uma noção contextual da situação e contexto de que falo ao apresentar aos dados.

O *Segurança com Cidadania* nasceu da ação conjunta de diferentes agências da Organização das Nações Unidas (ONU) em parceria com comunidades brasileiras e administração pública municipal. Com o propósito de prevenir violência e de construir e fortalecer práticas de cidadania, o Programa voltava-se a crianças, adolescentes e jovens em situação de vulnerabilidade.

No Brasil, o *Segurança com Cidadania* se estendeu durante os anos de 2010 a 2013, abrangendo os municípios de Contagem, em Minas Gerais, Lauro de Freitas, na Bahia, e Vitória, no Espírito Santo. Minha pesquisa, contudo, cingiu-se à análise de efetividade em Contagem, especificamente no Nacional, região administrativa periférica na qual as ações do Programa foram concentradas.

Segundo os relatos e entrevistas da pesquisa de campo, o grande destaque do *Segurança com Cidadania* foi a utilização da metodologia do Programa das Nações Unidas para o Desenvolvimento (PNUD), que considerava os recursos e potencialidades locais e envolvia os agentes comunitários em todo o processo decisório e executório de projetos, programas, serviços e políticas públicas.

As práticas do Programa trabalharam para a construção e o fortalecimento de vínculos de pertencimento e significado; a participação e a influência da comunidade nas decisões e administração de questões que lhe diziam respeito; a responsabilização ativa e ampliada, com protagonismo dos sujeitos na identificação das necessidades e impactos dos seus atos; a compreensão de danos causados e revelados pelos atos como forma de prevenir violências; e a transformação social.

No decorrer desse livro, compartilharei narrativas com o intuito de demonstrar parte dessas práticas e de seus impactos.

Como fiz em outras obras, ressalto que usarei indiscriminadamente a flexão de gênero no decorrer deste livro. Faço isso de modo intencional, para evitar que a presença de um único homem possa levar ao apagamento de um coletivo de mulheres com a flexão padrão da língua portuguesa ao indicar plural. Também ajo desse modo para que possamos imaginar mais mulheres como protagonistas, seja no singular, seja no coletivo.

De forma nova, nesse livro passei a usar também o @ para demarcar diferentes flexões de gênero. Faço isso consciente da pequena confusão que pode existir na leitura do texto, mas gostaria que pessoas não-binárias também se sentissem contempladas nesse texto.

1 JUSTIÇA RESTAURATIVA E(M) CONEXÃO

Quatro dos mitos mais comuns relacionados a Justiça Restaurativa (JR) são reflexo da sua con-fusão com a) métodos adequados para trabalhar conflitos; b) processos circulares; c) mediação; d) uma prática preferencialmente aplicada em âmbito criminal.

Esses quatro enganos partem, no fundo, da mesma desconsideração básica: a de que a prática restaurativa é voltada prementemente a construir e fortalecer conexão.

Não sem razão, esta obra inicia-se no ponto mais fundamental (e também no mais esquecido) do tripé. Assim, se @ leitor@ desistir nas primeiras páginas, ainda assim terá tido contato com a noção mais essencial da obra.

A Justiça Restaurativa propõe uma visão de justiça diferenciada, novas lentes através das quais enxergaremos conflitos, violências e conexões. Isso quer dizer que não se trata de um método adequado para trabalhar conflitos. Tanto é que a Justiça Restaurativa pode ser operacionalizada por diversos métodos, entre eles os processos circulares. É importante salientar, ainda, que nem só de método se faz a prática restaurativa.

Com isso, quero frisar que, embora seja comum pensarmos em métodos e técnicas pré-concebidas para materializar nossas práticas, o *continuum restaurativo* admite abordagens, práticas e processos que extrapolam esses mesmos métodos.

Para que uma prática seja considerada restaurativa, importa seu conteúdo, não exatamente sua forma. Ou seja, o que garante que seja restaurativa é o respeito aos princípios, fundamentos e valores próprios da JR. Dito de outro modo: o essencial é que seja a materialização da visão de justiça própria da JR.

Além disso, pretender que a experiência da Justiça Restaurativa pressuponha ou seja associada a conflito e violência é incompatível com sua própria origem ancestral.

A JR construiu seu sentido enquanto prática voltada a conexão em grupos humanos, o que inclui situações de conflito e violência, mas não diz respeito apenas a elas.

É possível – e desejado – que as práticas restaurativas sejam utilizadas antes mesmo de qualquer violência ou incompatibilidade de objetivos. Podemos fazer uso da visão restaurativa de justiça como uma forma de aprofundar vínculos que já estão bem; de aproximar ainda mais pessoas que já convivem em harmonia; de reforçar vínculos de pertencimento e significado em grupos de trabalho; de aproximar a comunidade escolar de um espaço de apoio e segurança socioemocional; de possibilitar que familiares ou sujeitos comunitários se conheçam melhor e estejam mais próximos; dentre tantas outras possibilidades.

Se sedimentarmos as bases da Justiça Restaurativa na conexão, é provável que teremos menos violências e mais acolhimento nos nossos vínculos sociais.

Acreditar que a Justiça Restaurativa só tem seu lugar de ação quando há conflito ou violência é reduzi-la a muito menos do que ela é e pode ser. O maior potencial transformador da JR está justamente na sua atuação voltada a conexão.

Isso porque sua visão de justiça busca satisfação de necessidades humanas básicas e poucas coisas trazem tanta satisfação quanto a construção intencional de espaços seguros voltados a construir e aprofundar conexão com pertencimento e significado.

Dito isso, imagino que já esteja manifesto para você que o grande lugar de atuação da JR não é propriamente na seara criminal. Ainda assim, é bem recorrente esse tipo de confusão no país. Acredito que esse equívoco tenha origem em dois dados: a) o fato da JR ter ganhado expansão no Brasil com protagonismo do Judiciário, com práticas voltadas principalmente a casos criminais; b) a importância e disseminação da obra do professor Howard Zehr[2] no país, sendo que a atuação principal dele com JR se dá justamente em casos envolvendo crimes.

Desfeito alguns enganos comuns, gostaria de frisar alguns elementos essenciais da visão restaurativa de justiça.

A visão restaurativa de justiça volta-se a construir intencionalmente espaços seguros e cooperativos, pautados prioritariamente em

---

[2] ZEHR, Howard. **Changing lenses:** restorative justice for our times. Harrisonburg: Herald Press, 2015. Twenty-fifth anniversary edition.

narratividade e contação de histórias pessoais (*personal storytelling*), para a) desenvolver e aprofundar conexão com pertencimento e significado; b) satisfazer necessidades humanas básicas dos participantes; c) quando for o caso, reparar danos e oferecer cuidado em relação a traumas individuais ou coletivos; d) resolver e transformar conflitos, relações e comunidades; e) trabalhar os impactos, sejam eles intencionais ou não, de ações dos participantes em situações de interdependência; f) quando apropriado, garantir a construção de um espaço seguro em que seja possível identificar impactos causados pelo ato, bem como aqueles pré-existentes que foram revelados por ele; g) quando for o caso, oferecer informações adequadas que possibilitem a responsabilização ativa, protagonizada pelos próprios sujeitos, em relação a consequências de seus atos; h) quando for o caso, garantir participação e oferecer informações adequadas para que pessoas indiretamente relacionadas ao fato possam assumir sua parcela de responsabilidade ou protagonismo quanto a condições e contexto em que ele ocorreu; i) prevenir e dar fim a violências, sejam elas individuais ou coletivas, físicas ou psicológicas, verbais ou não-verbais, pontuais ou estruturais, motivadas ou imotivadas.

Pelo que foi dito até aqui, observe que pode haver conflito e violência como mote da atuação da Justiça Restaurativa. Mas também pode não haver. Independentemente, uma coisa é certa: a JR será voltada a conexão.

Não necessariamente a conexão entre os participantes centrais de um conflito, mas, ao menos, a construção de pertencimento e significado de cada uma dessas pessoas em relação a sua microcomunidade de apoio e referência.

Para que você entenda melhor esse ponto, preciso, preciso falar um pouco sobre o conceito de comunidade para a JR. Nessa visão de justiça, comunidade é o agrupamento humano pautado em vínculos de pertencimento e significado.

Mesmo com consciência quanto ao seu passado e às possibilidades de futuro, a comunidade da Justiça Restaurativa é definida no presente, fruto dos diálogos contínuos e provisórios estabelecidos entre seus membros.

Isso acontece porque a comunidade não é definida aprioristicamente, com a inflexibilidade de uma *comunidade imaginada*[3], sendo antes um processo e, enquanto tal, uma criação aberta. Da mesma forma, os sujeitos comunitários não constituem seu ponto de partida, mas seu devir.

---

[3] Cf. ANDERSON, Benedict. **Comunidades imaginadas:** reflexiones sobre el origen y la difusión del nacionalismo. Ciudad de Mexico: Cultura Libre, 1993.

Não sem razão, Alfonso Torres Carrillo[4] ressalta que

> **A comunidade não é uma subjetividade resultado da soma de subjetividades individuais previamente constituídas, mas uma inter-subjetividade gestada a partir do *ser-com* outros.** Em uma comunidade, cada integrante é *alter*, é o outro, que nos surpreende, seduz ou lacera, mas com o qual coabitamos irrevogavelmente; é diferença e outreidade[5]: **o sujeito da**

---

[4] CARRILLO, Alfonso Torres. **El retorno a la comunidad**: problemas, debates y desafíos de vivir juntos. Bogotá: Fundación Centro Internacional de Edicación y Desarrollo Humano, 2017. p. 213-214.

[5] O termo no original era *otredad*, traduzido em neologismo por desconhecer um termo na língua portuguesa que seja suficiente para traduzir as ideias de alteridade e oposição simultaneamente compreendidas no termo espanhol. O mesmo ocorre ao usar-se o advérbio *outramente* em alguns momentos dessa tese. Com *outreidade*, pretende-se referir a esse misto, ao outro enquanto aquele que nunca fomos, somos ou seremos e, ainda, aquele que não queremos ser. Nesse sentido, mesmo quando disposto no singular, o outro são muitos: tantos quantos não sou eu. O singular aqui é que eu não seja o outro. Não só, o conteúdo do outro é variável segundo a perspectiva que se enxerga: da mesma maneira que alguém é meu outro, sou o outro de alguém. O conceito é, por isso, relacional e variável.
Talvez o leitor se pergunte por que não se optou

> **comunidade não é em "si mesmo", mas necessariamente um "outro"**, uma cadeia de alterações que nunca se fixa em uma nova identidade. **A comunidade supõe uma heterogeneidade irredutível dos sujeitos que a conformam e que se conformam nela.** [tradução livre[6]] [grifos acrescidos]

---

simplesmente na tradução pelo termo "alteridade", capaz de compreender essas dimensões. Ocorre que as palavras se transformam em razão do uso que atribuímos a ela e, se é verdade que alteridade diz respeito ao meu agir ético perante o outro *diferente de mim* (SEGATO, 2006; SEGATO, 2003; LEVINAS, 2014; SAVATER, 2000), é também verdadeiro que o uso corrente do termo no Brasil pode remeter a um modo de agir *com os meus iguais*. A acomodação cotidiana do uso da linguagem camufla a banalidade do mal e contradições inerentes à limitação seletiva de seu conteúdo. Esta tese foi escrita em momento de profunda polarização política e social no Brasil, sinto-me na responsabilidade de evidenciar o contexto de seu texto nesse mundo, assim como de aproximar a textura do mundo do seu texto.

[6] No original: "La comunidad no es una subjetividad resultado de la suma de unas subjetividades individuales previamente constituidas, sino una inter-subjetividad que se gesta a partir del ser-con outros.
En una comunidad, cada integrante es alter, es el otro, que nos sorprende, seduce o lacera, pero con el cual, cohabitamos irrevocablemente; es diferencia y otredad: el sujeto de la comunidad no es el 'sí mismo, sino necesariamente un 'otro', una cadena de alteraciones que nunca se fija en una nueva identidad. La comunidad supone una heterogeneidad irreductible de los sujetos que la conforman y que se conforman en ella".

Nessa perspectiva, a narrativa comunitária deve contemplar sua diversidade, reavaliando constantemente se as histórias dominantes têm correspondido àquelas desejadas.

Com a Justiça Restaurativa, objetiva-se alcançar um estado de paz com voz, de paz participada.

Feitas essas considerações sobre o conceito de comunidade em si, gostaria de frisar que, na prática restaurativa, os participantes não costumam coincidir com os polos centrais de um conflito, mesmo diante da existência deste.

No direito tradicional, por exemplo, costumamos ter polos como autor e réu ou mesmo vítima e ofensor. A Justiça Restaurativa, no entanto, por considerar o componente gregário do ser humano, entende que pessoas indiretamente interessadas na situação podem ser essenciais para alcançar sua transformação.

Essa participação não acontece ao acaso, nem é pressuposta. São as pessoas diretamente interessadas quem nomeiam e especificam outros atores que gostariam que estivessem presente nos encontros.

Essa presença costuma acontecer para que a) a situação seja mais confortável; b) os participantes imediatos se sintam apoiados; c) ter uma compreensão mais aprofundada dos impactos, talentos, recursos e potencialidades do caso; d) aprofundar vínculos e construir pertencimento.

1.1 Justiça Restaurativa e narratividade

A Justiça Restaurativa reconhece que a consciência e apropriação das histórias pessoais são, por si só, elementos que potencializam conexão e restauração (entendida aqui como recuperação de um passado melhor ou ainda como construção de um novo começo).

Por essa razão, a prática restaurativa parte de perguntas, como um convite para que o sujeito se localize e se perceba em sua própria história.

Uma das principais habilidades d@ facilitador@ é justamente suas técnicas e ferramentas para colocar perguntas fundamentais que tragam reflexões importantes para a questão, sejam elas subjetivas ou coletivas.

A pergunta é sempre um convite: convite de presença, convite de reflexão. É ainda um convite de assunção de protagonismo, já que sua resposta deve ser oferecida considerando o sujeito "eu", a primeira pessoa do singular. Isto é, discursos evasivos que remetem genericamente "ao sistema", "as pessoas", "a humanidade" devem ser evitadas.

Tampouco deve-se falar para remeter ao outro. Cada um fala de si, sob seu ponto de vista, dos seus sentimentos, das suas necessidades. E a cada um é dada a oportunidade de, caso queira, ouvir o que o(s) demais têm a narrar sobre si.

Sobre esse aspecto, é importante frisar que são frequentes manifestações de violência pelo exercício ilegítimo do poder ao contar a história de outra pessoa ou de um coletivo e fazer dessa perspectiva a versão definitiva da história desse indivíduo ou grupo[7]. Quando isso é feito com amparo do Estado, a história única adquire contorno de oficialidade e pode produzir um dano de impacto ainda maior na comunidade.

Se o apreendido tem relação com a parte da história em que se foca, é importante que cada um se veja capaz de contar sua história adequadamente[8].

---

[7] ADICHIE, Chimamanda Ngozi. **O perigo da história única.** Disponível em: <https://www.youtube.com/watch?v=EC-bh1YARsc>. Acesso em: 12 jul. 2016.
[8] Recomendo o filme: OLB, Jon; PARRY, Madeleine. **Hannah Gadsby:** Nanette. 69 min. Austrália. 2018.

Ao focar na violência, na impotência ou na carência de um dado grupo de pessoas, por exemplo, firma-se uma perspectiva que provavelmente ensina pela produção de trauma. A repetição confere ar de naturalidade à história única, que passa a ser confundida com a memória real dos acontecimentos.

Nesse aspecto, o grande problema da história única não é ser falsa, já que muitas vezes pode ser verdadeira; mas sua incompletude, o fato de desconsiderar a diversidade e a complexidade da situação[9].

Ao apresentar apenas uma versão da narrativa, tem-se uma compreensão reduzida e limitante das questões inerentes a ela. Esse ponto é determinante, já que a maneira como se enxerga a situação repercute diretamente no que se é

---

[9] ADICHIE, Chimamanda Ngozi. **O perigo da história única.** Disponível em: <https://www.youtube.com/watch?v=EC-bh1YARsc>. Acesso em: 12 jul. 2016.

capaz de vislumbrar como suas possíveis causas e soluções[10].

Outro ponto sensível na violência sobre a história do outro consiste em contá-la a partir do que aconteceu em segundo lugar, isto é, selecionando aspectos que se acredita que merecem ser considerados e ignorando outros. Aqui, mais uma vez, vale o raciocínio de que uma história é determinada pelo ponto que se conta[11].

A título de exemplo, narrarei a seguir uma história com que tive contato durante a pesquisa de campo do doutorado.

Num dos bairros do Nacional, o Confisco, isso era bastante sensível: o bairro era definido e retratado majoritariamente pela carência de direitos e serviços para a população, com reflexo

[10] ZEHR, Howard. **Changing lenses:** restorative justice for our times. Harrisonburg: Herald Press, 2015. Twenty-fifth anniversary edition.
[11] ADICHIE, Chimamanda Ngozi. **O perigo da história única.** Disponível em: <https://www.youtube.com/watch?v=EC-bh1YARsc>. Acesso em: 12 jul. 2016.

direto na violência. O bairro se localiza na fronteira entre os municípios de Contagem e Belo Horizonte, lidando cotidianamente com alegações de desobrigação do poder público municipal dos dois lados.

Criado há três décadas, como resposta a uma ocupação de cerca de 160 famílias sem moradia, o Confisco foi construído ao improviso: suas primeiras moradias eram feitas de lona, sem abastecimento de água, luz, esgotamento sanitário, transporte ou pavimentação. Por não dispor de coleta de lixo e contar com relevo acidentado, uma das áreas mais baixas – o buracão – foi feita de depósito de resíduos descartados, o que levou à presença de ratos, baratas, cobras, escorpiões e insetos na comunidade[12].

---

[12] Dados oriundos de relatos dos moradores e do Centro de Referência Popular do Bairro do Confisco. Quanto a este último, é possível acessar relatos semelhantes na página do Centro no Facebook. Cf.: CENTRO DE REFERÊNCIA POPULAR DO BAIRRO DO CONFISCO. **Histórico do Conjunto Confisco.** Disponível em:

Embora tenha havido considerável melhoria nas condições de habitação no bairro, que hoje conta com água tratada, rede de esgoto, eletricidade e pavimentação, seu prolongamento por dois municípios ainda traz muitas dificuldades no cotidiano dos moradores. Nesse aspecto, os mais prejudicados parecem ser os moradores da parcela do bairro localizada em Contagem, já que não dispõem de acesso a unidade básica de saúde nas proximidades e estão localizados na porção de maior vulnerabilidade social do território.

Em razão desse cenário, a comunidade se articulou em redes de solidariedade que estiveram presentes desde o fornecimento de apoio quando algumas famílias ficaram desabrigadas pelos desmoronamentos, a grupos de *WhatsApp* do "Confisco pela Paz". Ainda assim, a baixa autoestima com que a comunidade se enxergava

<https://www.facebook.com/confiscobh/posts/hist%C3%B3ri co-do-conjunto-confiscoo-conjunto-confisco-nasceu-em-1988-e-est%C3%A1-localiza/440726819404942/>. Acesso em 12 set. 2018.

continuava bastante presente, pautada pela história única contada a partir das carências e violências no território.

O próprio nome do bairro carrega um estigma negativo e não agradava aos moradores mais antigos, que tentaram alterá-lo para homenager a uma liderança comunitária. Os moradores não tiveram sucesso no pleito e o nome Confisco se manteve.

Uma das lideranças comunitárias mais antigas, Maria das Graças Silva Ferreira – a Graça –, identificava a necessidade de contar a história do bairro sob a perspectiva da luta bem-sucedida por moradia, ao invés do foco na sua condição periférica. A Graça tinha interesse em produzir um documento, que sugeria ser uma história em quadrinhos, para distribuir entre os moradores e consolidar essa narrativa alternativa sobre a comunidade[13].

---

[13] Informações obtidas a partir de entrevistas à Sandra Mara e Moacir Fagundes Freitas, além de conversa com Graça,

39

Para ela, o formato em quadrinhos era importante porque garantiria a circulação e interesse dos moradores no conteúdo. Embora o sonho fosse antigo, Graça não via condições fáticas para materializá-lo, mas constantemente comentava com outras lideranças sobre seu interesse. A oportunidade, todavia, veio pelo envolvimento da Escola Municipal Anne Frank (EMAF), sob iniciativa do Professor de História, Moacir Fagundes Freitas, e da então Diretora,

---

crianças que estudam na Escola Municipal Anne Frank e outros moradores do Confisco. Também há referência a essa história na série "Confisco: história revista", que gerou três reportagens produzidas pelo Jornal Minas, da Rede Minas. Cf. REDE MINAS. Jornal Minas. **Série Confisco:** História Revista – Episódio 1. Disponível em: <https://www.youtube.com/watch?v=wM86YIgFe-A>. Acesso em: 01 out. 2018.; REDE MINAS. Jornal Minas. **Série Confisco:** História Revista – Episódio 2. Disponível em: <https://www.youtube.com/watch?v=75z_K7DtFAI&feature=youtu.be>. Acesso em: 01 out. 2018.; REDE MINAS. Jornal Minas. **Série Confisco:** História Revista – Episódio 3. Disponível em: <https://www.youtube.com/watch?v=73fTyKoB5Xc>. Acesso em: 01 out. 2018.

Sandra Mara Vicente, amiga de Graça, que colocou o professor e a liderança comunitária em contato.

O Professor havia notado que os estudantes tinham vergonham de se identificar como moradores do bairro, preferindo fazer referência indireta ao local, remetendo normalmente à proximidade ao portão do zoológico, ao invés de mencionar o Confisco. Segundo narra,

> Começou porque eu percebi que eram muito recorrentes em sala de aula aqueles pequenos conflitos entre estudantes e a origem desses conflitos era que a maioria dos meninos e meninas tinham vergonha de dizer que pertenciam ao Confisco. Quando aconteciam aquelas briguinhas de sala de aula, falavam assim 'ah, mas eu não moro aqui, você que é do Confisco, né? Você é "confisqueiro", eu não sou'. **Ninguém nunca morava no Confisco, todos falavam que moravam nos bairros próximos.** [...] ninguém assumia. **A maioria tinha vergonha de dizer que morava no Confisco. Era até**

motivo de zoação chamar o outro de "confisqueiro". Eu percebi isso e vi que não dava para só ensinar a história da Europa com essa questão batendo na minha cara ali. Isso começou a me incomodar e comecei a jogar pra eles: 'e aí, gente, por que vocês acham que é tão ruim morar aqui? Alguém sabe a história do bairro? Alguém sabe por que é que tem esse nome?'. Aí alguém falou: 'ah, professor, eu sei uma coisa. Sei que era uma fazenda'. Quando devolvi essas questões pra eles, eles começaram a se motivar. 'Então vamos pesquisar! Vocês topam? Se ninguém aqui quer morar no Confisco, vamos procurar conhecer o bairro primeiro, pra saber se é isso mesmo'. Aí marquei com eles uma aula que aconteceu na arquibancada. Nessa aula, levei uma maquete do bairro que tem na escola, que é anterior a esse projeto. [...] Tinha uns estagiários de história chegando lá [na escola] e essa foi uma das primeiras aulas que tive com eles. Eu sabia que nesse dia iria uma líder comunitária, que foi uma das fundadoras [do bairro] e uma funcionária nossa que é fundadora também. **Eles adoraram ver a maquete e**

começaram a identificar com os dedos as casas deles ali. E aí o motivo sobre o nome do bairro, sobre como começa o bairro. **Quando jogo esse monte de questões que eles não dão conta de responder, eu falo pra eles que teria uma forma de responder, que naquele instante tínhamos na escola uma líder comunitária e uma funcionária que participaram da fundação do bairro e pedi pra eles procurarem essas informações.** Eles saíram correndo da arquibancada e foram pra lá atrás dessas pessoas. [...] Elas começaram a falar e aí as meninas e meninos ficaram super entusiasmados porque começam a ouvir da voz dessas pessoas alguma coisa sobre a origem do bairro. [ênfase acrescida]

Identificada a rejeição do pertencimento e identidade com o território, o Professor Moacir procurou trabalhar essa questão-problema em sala de aula com os estudantes do sétimo ano da escola, em 2016. Nas aulas seguintes, passou a questionar sobre a imagem que se tem do bairro.

Foi quando questionou o porquê de os estudantes negarem com tanta veemência o pertencimento ao bairro e se eles já haviam identificado isso em algum outro morador.

Essas questões foram motivadoras para que os estudantes tivessem interesse em envolver-se numa pesquisa para identificar qual a imagem que os moradores têm do bairro. Foi montado um formulário com questões que perpassavam desde a impressão sobre o Confisco e sobre as condições de moradia até se já precisou, por alguma razão, esconder que morava lá. Em algumas perguntas, era abordada também a imagem que outras pessoas tinham daquele bairro.

O professor fez crachás para os estudantes, em que eram identificados como "historiador@s" ou "pesquisador@s". Distribuiu pranchetas para cada um deles e formou grupos menores que seguiam com ele e com os novos estagiários pela comunidade. Relata que as estudantes ficaram orgulhosas e animadas já nesse momento inicial, comentando do fato de serem pesquisadoras e historiadoras.

Conforme conta, a tabulação das respostas era feita no dia seguinte à coleta dos dados. Tanto as perguntas dos questionários, quanto a tabulação foi construída com os estudantes, garantindo que participassem de todo o processo de pesquisa.

O professor também acompanhou os estagiários no Arquivo Público Mineiro e no Arquivo Público de Belo Horizonte. Foram coletadas fotos antigas do bairro e suas cópias foram expostas para os estudantes. As fotos foram acompanhadas de manchetes de jornais antigas e atuais que abordavam o bairro. Nesse primeiro trabalho de pesquisa, o professor e os estagiários só identificaram manchetes negativas, a maioria repercutia assassinatos, roubo e tráfico.

Segundo Moacir,

> Quando nós colocamos as manchetes antigas e novas no *Power Point* pros meninos verem... você precisava ver o que aconteceu na sala! **Eu chamo essa aula de "aula da indignação". Os estudantes ficaram indignados com as manchetes, foi um tumulto. Ficaram em polvorosa. Eu lembro de uma menina pequenininha que falava assim: 'vamos chamar esse repórter pra ele falar na nossa frente o que ele escreveu sobre nosso bairro. Nosso bairro não é nada disso'. Decidi canalizar essa indignação pro aprendizado.** Perguntei como poderíamos mostrar pra esse pessoal que o Confisco não é só o que se tem em manchete. **Aí a estagiária, a Luiza, deu a ideia da gente tirar foto do bairro, já que pelas fotos a gente comunica.** [...] a Luiza e outras duas estagiárias deram então uma oficina ensinando técnicas de fotografias. [ênfase acrescida]

Sobre "a aula da indignação", é
importante ter em mente que

> [...] quando olhamos para uma
> comunidade subalternizada no
> campo ou na cidade, de gênero,
> étnica, de classe ou de
> orientação sexual, não vemos a
> particularidade de cada um: o
> imaginário social padronizado
> identifica exatamente isso – um
> padrão que, como categoria
> homogeneizante, só nos permite
> codificar o estereótipo com o
> qual fomos ensinados a nos
> comunicar. E o estereótipo só
> existe dentro de fronteiras
> sólidas e claramente edificadas[14].

Moacir acredita que a história que ensina
não deve ser abstrata, sem amparo no cotidiano
do estudante. Procurava relacionar o conteúdo de
história com a realidade do bairro. Por isso, ao

---

[14] AMARAL FILHO, Nemézio C. As perigosas fronteiras da
"comunidade": um desafio à comunicação comunitária. In.:
PAIVA, Raquel; SANTOS, Cristiano Henrique Ribeiro dos.
(Org.). **Comunidade e contra-hegemonia:** rotas de
comunicação alternativa. Rio de Janeiro: Mauad X: FAPERJ,
2008. p. 81.

perceber que os estudantes haviam incorporado a narrativa única sobre o Confisco e que estavam reproduzindo essa compreensão sobre o bairro, dedicou-se a produzir esse resgate histórico do território com foco na cidadania, pertencimento e significado.

Como a Escola Municipal Anne Frank (EMAF) foi a primeira construção do bairro, tanto a Diretora, quanto o Professor entendiam que a escola consistia em espaço qualificado para esse resgate, tendo uma função social com aquela comunidade.

Isso resta confirmado no relato de Graça, registrado nos quadrinhos, segundo o qual a escola é o coração do bairro. Essa imagem é ressaltada por Dona Fátima, também com relato nos quadrinhos, que dizia que a EMAF "não é uma escola, é uma comunidade... eu acho que é tudo junto. Porque a escola, a gente vê ela uma... é um lugar que a gente sabe que pode contar, né...".

Essa percepção não é exclusiva das duas lideranças mencionadas. Escola transformadora, a Escola Municipal Anne Frank (EMAF) relaciona-se de maneira muito próxima com a comunidade do Confisco, de modo a transpor a barreira física dos muros que aparentemente delimitam onde começa a escola e onde termina a rua.

Um sem-número de ações costuma ser adotado nesse sentido, indo desde a abertura do espaço da EMAF para uso do campo de futebol pela comunidade, como realização de festividades, atividades e eventos da escola em praças e ruas do bairro, convidando os moradores para fazerem parte.

Esse tipo de atitude, segundo conta Sandra Mara, foi essencial para reduzir evasão dos estudantes, diminuir violências na escola, preservar a vida dos estudantes e reforçar a conexão entre a comunidade escolar e os demais moradores do Confisco. Antes dessas ações, a

EMAF contava recorrentemente com ingresso de estudantes armados, de assédio de estudantes por adultos da comunidade ligados ao crime, dentre outras ocorrências frequentes[15]. Ao invés de esperar um cenário favorável para transformar-se, foi a proposta de alteridade e acolhimento da escola que transformou o entorno.

A história em quadrinhos produzida pelos estudantes, sob coordenação do Professor Moacir Fagundes, será abordada mais detalhadamente no tópico específico sobre Justiça Restaurativa e(m) violências.

1.2 Considerações complementares sobre comunidade e conexão para a Justiça Restaurativa

---

[15] Dados amparados em documentos internos da escola aos quais tive acesso durante o campo da pesquisa.

O local é o espaço prioritário da comunidade. Mas de que se fala ao falar-se em comunidade? Sendo termo recorrente na linguagem cotidiana, há dois significados mais frequentemente atribuídos ao termo: um deles orientado a espaços geográficos marcados pela pobreza econômica e a violação ou ameaça a direitos fundamentais; o outro voltado ao pertencimento a grupos específicos, como "comunidade LGBTQ", "comunidade religiosa", "comunidade escolar" ou mesmo "comunidade acadêmica". Em ambos, o termo parece carecer de densificação[16].

Por vezes, a comunidade chega a ser definida de maneira residual: comunidade é aquilo que *ainda* não temos e que objetivamos alcançar. Há também uma ideia indefinida de comunidade que remete à ancestralidade. Nesse caso, o termo

---

[16] CARRILLO, Alfonso Torres. **El retorno a la comunidad**: problemas, debates y desafíos de vivir juntos. Bogotá: Fundación Centro Internacional de Edicación y Desarrollo Humano, 2017. p. 11.

costuma ser evocado por povos nativos, remanescentes de quilombos ou mesmo por movimentos sociais campesinos, urbanos ou afirmativos de negritude. Ocorre que, nessas situações, não raro o termo é empregado de forma defensiva, em contraposição a um outro externo hegemônico, concebido como "anticomunitário" [17].

Nesse caso, simboliza o resgate de uma comunidade perdida ou, ao menos, invisibilizada no imaginário abstrato de cidadão. Essa compreensão, contudo, frequentemente recai numa autolimitação, confundindo ancestralidade com um modo único e bem específico de constituir-se nesse coletivo. Isso ocorre quando há apego a um passado – mais ou menos idealizado – em que dado grupo identitário vivia harmonicamente.

---

[17] CARRILLO, Alfonso Torres. **El retorno a la comunidad**: problemas, debates y desafíos de vivir juntos. Bogotá: Fundación Centro Internacional de Educación y Desarrollo Humano, 2017. p. 13, 197.

A comunidade a que remete a justiça restaurativa, mesmo vinculada à ancestralidade, não é saudosista: trata-se de opção política e ética emancipatória[18] constituída sempre no presente,

> [...] o mal propriamente dito hoje existente na vida política, consiste [...] no fato de o homem ver seu semelhante como algo que ele pode experimentar, descobrir, isto é, que ele pode usufruir em sua utilidade, em sua aplicabilidade. [...] É isto que se deve ultrapassar. Há, porém, um grande obstáculo no caminho, e este é o falso radicalismo da juventude atual. Esta juventude apraz-se em representar as coisas da seguinte maneira: tem-se um ideal das coisas como devem ser, por exemplo, como Estado e sociedade deveriam ser. Isto pode ser efetivado, de certo modo, de certa maneira política ou revolucionária e, portanto, não pode ser realizado aqui e agora. Com este adiamento ganha-se a base para

---

[18] CARRILLO, Alfonso Torres. **El retorno a la comunidad**: problemas, debates y desafíos de vivir juntos. Bogotá: Fundación Centro Internacional de Educación y Desarrollo Humano, 2017. p. 217 ss.

uma vida fora da realização. Assim, aqui e agora, participa-se daquilo que é válido agora. Este é o radicalismo como fuga. [...] Oposto a isso, **reconhece-se a linha divisória que é traçada a cada dia. Hoje isto pode ser realizado por mim, entre nós, nesta vida que nos é dada e aquilo não pode. [...] Isto significa responsabilidade. E se tomarmos o conceito em toda a sua realidade, responsabilidade significa sempre responsabilidade diante de alguém.** Responsabilidade para consigo mesmo é uma ilusão. **A verdadeira responsabilidade é sempre responsabilidade diante do outro. [...] Responsabilidade do *hic et nunc*, do aqui e agora.** Esse é o último ponto que, na realidade, podemos atingir. Tudo o mais é pessoal, tudo o mais cada homem individualmente deve decidir por si próprio e é uma questão de tempo, dependendo de sua situação, de seu talento, de suas possibilidades, de seu lugar, de seu momento[19]. [grifos acrescidos]

---

[19] BUBER, Martin. **Sobre comunidade.** São Paulo: Perspectiva, 2012. p. 78-79.

Enquanto processo, a comunidade é de criação permanente. Pela mesma razão, os sujeitos comunitários não são ponto de partida – não existe um rol apriorístico de incluídos e excluídos –, mas o devir do processo comunitário. Parafraseando Marshall Sahlins, "o fluxo é de tal natureza que jamais se pode mergulhar duas vezes na mesma comunidade[20]".

Assim como identificado na narrativa alternativa da história do Confisco, comunidade afasta-se do estereótipo, já que este isola o outro e distancia as pessoas, à medida que subjuga na esfera simbólica e impõe uma definição de seus membros de fora para dentro[21]. O estereótipo só tem espaço diante de fronteiras sólidas. Em sentido oposto, enquanto processo, a comunidade

---

[20] SAHLINS, Marshall. Heráclito x Heródoto. In: _____ **Esperando Foucault, ainda.** São Paulo: Cosac Naif, 2013. p. 16.
[21] BHABHA, Homi K. **O local da cultura.** Belo Horizonte: Editora UFMG, 2003.

está em permanente construção, constituindo-se pelo movimento e por suas fronteiras móveis[22].

Nesse aspecto, "a nova comunidade tem como finalidade a própria comunidade[23]".

> Ela [nossa comunidade] não quer reformar; a ela importa transformar. [...] Desse modo, nossa comunidade não *quer* revolução, ela *é* revolução. [...] Para nós, revolução não significa destruir coisas antigas, mas viver coisas novas. Não estamos ávidos por destruir, mas ansiosos por criar. Nossa revolução significa que criamos uma nova vida em pequenos círculos e em comunidades puras. [...] Nesta nova vida homens que, pela especialização da sociedade contemporânea, se tenham tornado órgãos com uma função estritamente bem definida e que, para poderem

---

[22] AMARAL FILHO, Nemézio C. As perigosas fronteiras da "comunidade": um desafio à comunicação comunitária. In.: PAIVA, Raquel; SANTOS, Cristiano Henrique Ribeiro dos. (Org.). **Comunidade e contra-hegemonia:** rotas de comunicação alternativa. Rio de Janeiro: Mauad X: FAPERJ, 2008. p. 75-87.

[23] BUBER, Martin. **Sobre comunidade.** São Paulo: Perspectiva, 2012. p. 33.

viver, devem conformar-se com esta função, serão novamente homens capazes de haurir da plenitude. Tais homens não se associarão mais como antes, pelo fato de homens especializados dependerem mutuamente uns dos outros, mas se encontrarão por amor, por anseio-de-comunidade e por pródiga virtude.

Os homens que na atual sociedade foram atirados em uma engrenagem movida pelo proveito, de modo a atrofiar sua criatividade livre sob o jugo do trabalho que visa o proveito, serão, nesta nova vida, elevados à nova ordem de coisas, onde reina não o princípio utilitário, mas o princípio criador e libertador de suas forças subjugadas. Nesta nova vida renascerá, não só a pluricomunidade numa forma ainda mais nova, mais nobre e pura, mas também, e, através dela, e nela, a bicomunidade; e a solidão das mais calmas horas de contemplação e de criação recobrará um novo e mais rico colorido. **Cada um viverá ao mesmo tempo, em si-mesmo e em todos**[24]. [grifos acrescidos]

---

[24] BUBER, Martin. **Sobre comunidade.** São Paulo: Perspectiva, 2012. p. 38-39.

Ao considerar outra pessoa como ser vivo para o qual estou aqui, assim como ela está aqui para mim, estou em comunidade[25].

---

[25] BUBER, Martin. **Sobre comunidade.** São Paulo: Perspectiva, 2012. p. 88.

1.3 A importância de construir conexão pautada no que se é, não em uma carência comum

É bastante comum que coletivos se estabeleçam em virtude de desafios comuns que buscam transformar.

Esse tipo de conexão, ainda que estratégico, se não for centrado na identificação precisa daquilo que esse coletivo é de fato, dos seus recursos, talentos e potencialidades, pode ter uma atuação aquém do potencial de transformação comunitária.

É importante frisar: definir-se como "anti" ou "contra" algo não nos dá dimensão do que verdadeiramente somos e de como devemos agir. Esse tipo de identificação só nos alerta para o que não somos (ou não desejamos ser), o que é de pouca efetividade.

Para além de ter consciência do que não se é, precisamos entender nosso propósito: para onde queremos caminhar; o que isso diz sobre quem somos; quais nossas características, suporte e saberes que nos auxiliam nessa trajetória.

Se o objetivo central da Justiça Restaurativa perpassa por construção de novo começo, satisfação de necessidades e transformação, então comunidades definidas como "anti" algo não são suficientes.

Para ilustrar, apresentarei o exemplo do projeto Trilhas da Paz, com que tive contato a partir da pesquisa de campo do doutorado.

O Trilhas da Paz objetivava sinalizar espaços públicos educativos como escolas e praças, seja para construir uma imagem positiva do que o território já tinha conquistado; seja para informar à população da presença de bens e serviços a sua disposição.

Desse modo, ao sair na rua, @ morador@ visualizava facilmente os recursos e potencialidades que tinha ao seu redor. A iniciativa também contribuía para deixar o ambiente mais colorido, menos identificado com o descaso característico de espaços cercados de sujeira e criminalidade.

Outro aspecto importante é que a sinalização desses serviços acabava por trazer consciência de rede para diversos moradores que antes ignoravam a existência de parte deles.

O projeto compreendia como ato político o esforço coletivo para melhorar o espaço da comunidade e sinalizar os bens e serviços existentes.

A um só tempo, o Trilhas da Paz melhorava a percepção de ambiência dos espaços públicos no Nacional e capacitava adolescentes para atuar com stencil e desenvolver suas habilidades artísticas.

Muitos dos garotos que participaram do projeto estavam em condição de vulnerabilidade, sendo frequente as narrativas de ameaças à vida desses meninos ou de envolvimento direto com atos infracionais ou com adultos que sabidamente praticavam crimes, especialmente tráfico de drogas.

Em conversa com a pesquisadora, alguns desses jovens relataram que o envolvimento com a arte urbana os afastou de um destino que parecia certo: o de viver da venda de droga ou de morrer em razão dela.

Além disso, como ressalta Paulo Terrinha

Eu vejo mudança, uma transformação e liberdade [com o *graffiti*] por que isso leva, talvez, um menino que não teria perspectiva de vida nenhuma... por mais que a arte no Brasil não é levada a sério, ne? [...] **o simples fato de uma criança se envolver com a arte pode não fazer ficar rica, mas a forma como ela vê as coisas muda e** isso vai refletir lá na frente. Coisas simples, o olhar muda, a forma como eu vejo a vida, como eu vejo o outro, como eu vejo o mundo. Então, isso vai transformar quem eu sou e quem eu vou ser. Isso vai interferir diretamente nas minhas escolhas. [ênfase acrescida]

2 JUSTIÇA RESTAURATIVA E(M) CONFLITO

Talvez conflito seja a abrangência mais *mainstream* ao se pensar em atuação com Justiça Restaurativa. Mas mesmo aqui pairam diversas dúvidas fundamentais sobre a extensão e abrangência da atuação restaurativa.

Os exemplos de mitos mais frequentes são: a possível atuação com JR para prevenir conflitos; necessidade de encontros coletivos entre os participantes; atuação exclusiva na seara criminal; indefinição sobre em quais casos conflitivos é possível empregar práticas restaurativas.

Antes de abordar com mais cuidado o tema principal deste capítulo, gostaria de precisar a compreensão de conflito que tenho como pressuposto para atuar com Justiça Restaurativa.

Inicialmente, gostaria de ressaltar que faço uso de teorias de interação social[26], que entendem que só existe conflito por haver interdependência. Mesmo os conflitos internos ou os fortemente relacionados a questões estruturais existem em decorrência do aspecto gregário, relacional humano.

Não importa se, "no fundo, no fundo, bem lá no fundo, a gente gostaria de ver nossos problemas resolvidos por decreto[27]", o conflito é elemento natural e inafastável do convívio humano.

Enquanto incompatibilidade de objetivos em relação social de interdependência, o conflito

---

[26] Cf. DEUTSCH, Morton. Cooperation, Conflict, and Justice. In.: BIERHOFF, Hans Wermer; COHEN, Ronald; GREENBERG, Jerald. (Ed.). **Justice in Social Relations.** Ontario: Melvin J. Lerner, 1986.; DEUTSCH, Morton. Cooperation, competition, and conflict. In.: COLEMAN, Peter; DEUTSCH, Morton; MARCUS, Eric. (Ed.). **The handbook of conflict resolution:** theory and practice. San Francisco: Jossey-Bass, 2014.; CALVO SOLER, Raúl. **Mapeo de conflictos:** técnica para la exploración de los conflictos. Barcelona: Gedisa, 2014.

[27] LEMINSKI, Paulo. **Toda Poesia.** São Paulo: Companhia das Letras, 2013.

pode ser real ou percebido[28]. Por essa razão, é possível haver conflito ainda que todos os envolvidos tenham as mesmas necessidades e interesses em determinada situação.

Embora a inafastabilidade de conflito nas relações sociais possa parecer algo negativo e determinista, é um elemento fundamental para a construção de transformação, seja ela a nível individual, relacional, comunitário, regional, social ou internacional.

Como só há conflito diante de relações sociais em que haja alguma interdependência, os sujeitos envolvidos têm corresponsabilidade nas suas causas, mas também detêm a autonomia necessária para a construção participada da transformação.

Por isso, se temos uma comunidade com conflitos repetitivos e que tolera violência, é importante que nos questionemos sobre quais dos

---

[28] CALVO SOLER, Raúl. **Mapeo de conflictos:** técnica para la exploración de los conflictos. Barcelona: Gedisa, 2014.

nossos comportamentos habituais têm permitido ou sustentado essa situação.

Aqui, é importante uma distinção: embora o senso comum diga o contrário, conflito não tem relação necessária com violência. Ao contrário, quando cuidamos adequadamente dos conflitos, é pouco provável que haja expressão de violência.

O oposto também é verdadeiro: se silenciamos, não vemos ou fingimos que algum conflito não está ali, é possível que algum dos envolvidos utilize de estratégias de violência justamente na busca de forçar o olhar ou a escuta desses conflitos.

Em outras palavras: as explosões de violência costumam estar associadas a busca por ser cordial, evitando-se falar do "elefante na sala".

Não estou defendendo que se fale de qualquer jeito. Isso sequer seria compatível com a Justiça Restaurativa. O que estou afirmando e quero ser enfática com isso é: não se deve buscar prevenir conflitos, a menos que você queira explosão de violências!

Conflito não se previne! Conflito se ouve, observa, cuida! A Justiça Restaurativa jamais pode ser empregada no intuito de prevenir conflitos. O que ela busca intencionalmente prevenir e colocar fim é em violências. E, como dito, é cuidando de conflitos que a gente previne violência!

Conflito é algo típico de interação social com diversidade, é sinônimo da legitimidade de formas de vida plurais.

Além disso, a existência de conflitos impulsiona o olhar criativo e curioso diante da constatação de que é possível viver e ser feliz de diferentes formas nessa terra.

Justamente por isso, conflitos são estratégicos para transformação social. Se não houvesse conflito, eu sequer poderia estar escrevendo esse livro e assinando com meu nome.

Provavelmente precisaria usar um pseudônimo masculino para assinar minha obra.

Não fossem os conflitos, eu também não votaria e ainda seria vista como propriedade primeiro de meu pai, depois de meu marido.

Caso não houvesse conflito, pessoas negras continuariam sendo escravizadas; a cultura de povos nativos não seria vista como legítima, menos ainda a demarcação de seu território; não haveria reforma agrária; população LGBTQIA+ não poderia casar e adotar crianças... Imagine a violência estrutural e o continuísmo de um mundo sem conflito!

Desse modo, convido que repita comigo e que faça isso de novo o quanto for preciso até cair a ficha para você: conflito não pode ser prevenido! A Justiça Restaurativa não busca prevenir conflitos!

Ao contrário, o interesse máximo das práticas restaurativas diante de conflitos é o de transformação. É verdade que, em alguns casos, pode-se optar por resolução ou mesmo gestão de conflitos. Isso acontece em razão das próprias condições do contexto e interesse dos participantes.

Todavia, é importante ter em mente que a Justiça Restaurativa oferece grande potencial para transformação de conflitos. Isso porque as práticas restaurativas são orientadas para resolver problemas concretos e trabalhar a estrutura das relações de modo a melhorar as condições do presente e construir um futuro que contemple melhor as necessidades de todos os interessados.

Pautam-se na ancestralidade, tendo base em diversos rituais culturalmente estabelecidos ao redor do globo. Esses rituais foram reunidos sob o nome de "justiça restaurativa[29]", ficando o termo

---

[29] O termo "justiça restaurativa" sofre diversas críticas. Uma das principais é justamente a que diz respeito a comunidades marcadas por traumas, que não contam com um passado que desejam restaurar; antes, querem construir novos vínculos e maneiras de conexão. Todavia, é importante ter em mente que o termo *Restorative Justice* não tem conteúdo semelhante ao

mais conhecido no final do último século, a partir dos esforços do acadêmico Howard Zehr[30].

As práticas restaurativas podem ser empregadas em quaisquer tipos de conflitos, desde que os interessados demonstrem interesse e voluntariedade.

Ainda que possam ser materializadas em um sem-número de formatos, total ou parcialmente restaurativos, seu ritual mais comum costuma incluir encontros individuais e coletivos, contemplando também sessões de acompanhamento.

---

da tradução literal em língua portuguesa. *Restorative* é mais abrangente do que restaurar. Ainda que não fosse, é importante olhar para o termo com a mesma generosidade que a justiça restaurativa nos convida a olhar o outro e a nós mesmos: buscando compreender seu sentido mais adequado no seu melhor-self. O próprio Zehr comenta que a justiça restaurativa não se satisfaz apenas com a restauração de uma situação anterior ideal, mas na construção de novas condições e possibilidades para vínculos mais humanizados.

[30] Cf. ZEHR, Howard. **Changing lenses:** restorative justice for our times. Harrisonburg: Herald Press, 2015. Twenty-fifth anniversary edition.; ZEHR, Howard. **Justiça restaurativa.** São Paulo: Palas Athena, 2012. Tradução de Tônia Van Acker.

Mesmo que todos esses passos sejam possíveis, a JR não prescinde de encontro coletivo. É um erro presumir que a prática restaurativa se completa nos encontros em grupo.

Ao contrário, em diversos casos os encontros coletivos podem não ser necessários ou mesmo desejados e ter uma prática adequada perpassa por cuidar desses aspectos.

Outra característica marcante é a construção do espaço com elementos que promovam conexão, a começar pelo incentivo ao formato circular.

Sobre esse aspecto, é importante voltar a frisar que Justiça Restaurativa não se confunde com círculo de construção de paz e que é possível que uma prática que formalmente contemple todo o passo-a-passo dos processos circulares não seja restaurativa.

Como ressaltado no capítulo anterior, para ser considerada restaurativa, é possível falar-se em um conjunto de práticas com certo grau de flexibilidade e adaptabilidade à situação problemática, mas com estrutura principiológica consistente.

Seu maior diferencial é a participação não só dos diretamente envolvidos no caso, mas também daqueles interessados indiretos, seja porque formam a rede de apoio e referência dos participantes diretos, seja porque têm efetivamente alguma relação subsidiária com o acontecido.

Nem toda prática restaurativa envolve conflito atual, podendo voltar-se à prevenção de problemas futuros ou mesmo à conexão dos participantes, trabalhando questões como pertencimento; entendimento sobre as diferentes perspectivas quanto a um tema desafiador; fortalecimento de vínculos; reinserção de alguém que estava afastado daquela comunidade; formação de grupo de apoio ou de compartilhamento de experiências; fixação de conteúdos e aprendizagem; estabelecimento de normas de conduta ou compartilhamento de responsabilidades quanto a sua observância; celebração ou luto e acolhimento.

As práticas restaurativas podem ter finalidades tão diversas quanto as necessidades dos envolvidos! Esse é um grande diferencial da justiça restaurativa: é ela quem deve se adaptar à comunidade humana, não o contrário. Por isso a maleabilidade do procedimento.

Todavia, há elementos e princípios que devem ser observados para garantir a condução da prática, que pode ser total ou parcialmente restaurativa à medida em que integraliza esses componentes.

Uma prática totalmente restaurativa é aquela que responde com o máximo de eficiência às seguintes questões: a) o método contempla integralmente as necessidades, eventuais danos e as causas da situação problemática?; b) contempla adequadamente as pessoas que tiveram necessidades afetadas, sofreram ou que estão sofrendo danos ou com ameaças a direitos?; c) as pessoas são estimuladas a assumir responsabilidades ativamente?; d) os interessados estão sendo considerados e têm se envolvido na prática?; e) as microcomunidades de apoio e referência têm sido mobilizadas?; f) há oportunidades para diálogo substancial, com fala e escuta ativa, e decisões participadas?; g) os envolvidos estão sendo respeitados e considerados em sua individualidade?

Apenas a nível de exemplo, trarei algumas das situações conflitivas em que, havendo voluntariedade, é possível a prática restaurativa: conflitos familiares, societários, escolares, de vizinhança, entre empresas, envolvendo grupos de trabalhos ou de convivência.

Além disso, é possível haver prática restaurativa tanto diante de conflitos interindividuais, quanto de casos mais complexos com conflitos coletivos ambientais e trabalhistas, por exemplo.

2.1 Microcomunidade e transformação de conflitos

No tempo em que vivi na Palestina, tive a oportunidade de trabalhar com a *The Friends School*, em Ramallah. Embora essa escola seja pautada em não-violência, os conflitos no ambiente escolar continuam constantes. A diferença não está no plano da existência, mas no tratamento oferecido quando o conflito ocorre[31].

Certa vez, presenciei um conflito entre dois garotos com cerca de sete ou oito anos. Um

---

[31] HALABY, Mona Hajja. **Belonging:** creating community in the classroom. Cambridge: Brookline Books, 2000.

deles havia feito uma "brincadeira" desagradável sobre a voz do outro durante a aula. Outros dois estudantes da turma imediatamente sugeriram que fosse feito um círculo para que todos tivessem a oportunidade de falar sobre como se sentiam a respeito.

Embora o conflito tenha ocorrido diretamente entre os dois guris, entende-se que toda a sala tem alguma parcela de responsabilização e envolvimento nele. O comportamento social é aprendido: pensamos não só pela nossa linguagem, mas também em conformidade com os comportamentos e poderes simbólicos[32].

Se a estrutura mental daquele garoto o autorizou a ser violento com seu colega é porque os códigos comuns de conduta daquela comunidade possibilitam esse comportamento, ainda que para condená-lo. Não só: se a voz do

---

[32] BOURDIEU, Pierre. **O poder simbólico.** Rio de Janeiro: Bertrand Brasil, 2012.

menino foi objeto de demérito, é porque algum valor presente naquele espaço avalia positiva ou negativamente pessoas a partir dessa característica.

O conflito é social, territorial e temporariamente demarcado. Por essa razão, é possível promover mudança na relação ou em algum dos envolvidos, mas o conflito também carrega consigo potencial para que se promova verdadeira transformação social[33].

Nesse caso, o ensino do conteúdo programado para a aula foi interrompido diante da insurgência do fato novo. Todos os presentes – estudantes e professora – participaram do círculo, uma vez que, em alguma medida, todos foram afetados pelo ocorrido. O ambiente influi

---

[33] Cf. HOLMAN, Peggy. **Engaging emergence:** turning upheaval into opportunity. San Francisco: Berret Koehler, 2010.; HOLMAN, Peggy. **The change handbook:** group methods for shaping the future. San Francisco: Berret Koehler, 1999.; UNITED NATIONS DEVELOPMENT PROGRAMME. **Democratic Dialogue:** a handbook for parctitioners. Stromsborg: International Idea, 2007.

78

diretamente no pertencimento e na sensação de estar-se em espaço seguro e respeitoso. Era importante para cada um deles que aquela sala de aula fosse um local de interdependência e cooperação.

Além disso, ainda que indiretamente, todos participaram daquela situação. O entorno impacta no desenvolvimento de conflitos. Ambientes mais construtivos ou mais destrutivos afetam não só na existência, como também no nível de escalonamento dos conflitos[34].

No círculo, cada participante teve a oportunidade de falar brevemente como se sentia sobre o ocorrido e como acreditava que poderia contribuir para a construção de uma turma que acolha melhor seus membros. Os diretamente

[34] DEUTSCH, Morton. Cooperation, Conflict, and Justice. In.: BIERHOFF, Hans Wermer; COHEN, Ronald; GREENBERG, Jerald. (Ed.). **Justice in Social Relations.** Ontario: Melvin J. Lerner, 1986. pp. 3-18.; DEUTSCH, Morton. Cooperation, competition, and conflict. In.: COLEMAN, Peter; DEUTSCH, Morton; MARCUS, Eric. (Ed.). **The handbook of conflict resolution:** theory and practice. San Francisco: Jossey-Bass, 2014. p. 3-28.

envolvidos também puderam falar sobre como foram impactados e do que precisavam.

Em poucos minutos, não só a situação havia sido resolvida, como os vínculos daquela microcomunidade haviam se fortalecido. Significado e pertencimento voltaram a ser elementos presentes naquele espaço. A turma havia aprendido algo novo sobre si e buscado transformar seus valores e relações. Em seguida, o conteúdo programado voltou a ser ensinado; agora com mais atenção dos estudantes.

Segundo esse mesmo paradigma, a Universidade de Turku, na Finlândia, com financiamento do Ministério da Educação e Cultura local, desenvolveu o programa KiVa para combater, monitorar e prevenir prática de *bullying* nas escolas[35].

---

[35] KIVA INTERNATIONAL. **Evidence of effectiveness in Finland and elsewhere.** Disponível em: < http://www.kivaprogram.net/is-kiva-effective>. Acesso em: 11 nov. 2018.

O Kiva tem produzido resultados efetivos justamente por mobilizar a microcomunidade afetada, estendendo-se além das noções tradicionais de ofensor e vítima e atingindo outras pessoas centrais, como aquelas que oferecem apoio ao indivíduo ou grupo que sofreu o dano; as referências positivas daquele indivíduo ou grupo que produziu o dano; e também as pessoas que suportam aquela prática, seja sorrindo, encorajando ou silenciando a respeito.

Nessas abordagens, o conflito deixa de ser exclusivamente uma situação de risco, tornando-se também uma oportunidade para promoção de mudanças substanciais.

Conforme Deutsch, "o conflito previne estagnações, estimula interesse e curiosidade, é o meio pelo qual os problemas podem ser manifestados e no qual chegam as soluções, é a raiz da mudança pessoal e social[36]". Ele também

---

[36] DEUTSCH, Morton. A resolução do conflito. In.: AZEVEDO, Andre Gomma de. (Org.). **Estudos em**

demarca grupos, auxilia no estabelecimento de identidade coletiva e individual e, quando externo, pode contribuir para coesão interna.

Na ocorrência de conflitos, é possível responder apenas à situação imediata. Todavia, manter o foco exclusivamente nas urgências pode distrair o olhar daquilo que é importante. Um mapa ampliado do conflito envolve também a compreensão das causas e forças presentes; dos padrões de relacionamentos; do contexto em que encontra expressão; e da estrutura conceitual que sustenta essas perspectivas[37].

Por isso, numa visão mais ampla, que considere a topografia da situação problemática, o conflito desponta como oportunidade para entender os padrões e modificar as estruturas dos relacionamentos. Isso sem desconsiderar a necessidade de oferecer soluções concretas

---

arbitragem, negociação e mediação. Brasília: UNB, 2004. p. 29-44.
[37] LEDERACH, John Paul. **Transformação de conflitos.** São Paulo: Palas Athena, 2012.

capazes de responder satisfatoriamente aos problemas presentes[38].

É também uma via eficaz para conduzir grandes discussões públicas no cerne de assuntos e relações que costumam estar adstritos à esfera privada[39]. Com isso, pode ser uma alternativa importante para impulsionar reflexões e aprofundar a compreensão sobre as implicações do contexto, da estrutura e dos padrões de relacionamentos em questões que aparentavam ser meramente interpessoais.

Para mapear um conflito, é importante atentar-se, ao menos, aos seguintes elementos: as características dos sujeitos envolvidos, bem como seus interesses e necessidades; as estruturas de poder e os padrões das relações intersubjetivas; estruturas conceituais que sustentam cada uma

---

[38] LEDERACH, John Paul. **Transformação de conflitos.** São Paulo: Palas Athena, 2012.
[39] BRAITHWAITE, John. Doing Justice Intelligently in Civil Society, **Journal of Social Issues,** vol. 62, n. 2, 2006, pp. 393-409.

dessas perspectivas; as compreensões de mundo dos indivíduos e grupos em questão; as emoções despertadas pela situação conflitiva[40].

Aqui, a paz é *estrutura-processo*[41], necessariamente dinâmica, relacional, adaptativa e dotada de propósito. É sustentável, sendo capaz de manter-se ao longo do tempo, a despeito de eventual rigidez estrutural.

Com esse cenário em mente, é possível agir de maneira efetiva e profunda para, além de resolver os problemas atuais e específicos, compreender os padrões e modificar as estruturas dos relacionamentos[42].

Para isso, é essencial impulsionar vínculos de significado nessas plataformas, isto é, a percepção de que os diálogos que se estabelecem ali são significantes, que as vozes são consideradas

[40] CALVO SOLER, Raúl. **Mapeo de conflictos:** técnica para la exploración de los conflictos. Barcelona: Gedisa, 2014.
[41] LEDERACH, John Paul. **Transformação de conflitos.** São Paulo: Palas Athena, 2012.
[42] LEDERACH, John Paul. **Transformação de conflitos.** São Paulo: Palas Athena, 2012.

no processo de tomada de decisão e que essa escuta é pautada em reciprocidade.

Saber do impacto da consideração das narrativas individuais traz também o senso de pertencimento, retroalimentando a própria noção de comunidade.

Ao pautar-se na potência criativa do saber coletivo, não repercute necessariamente em controle dos resultados, mas fomenta a percepção de que a voz de cada um tem importância naquele espaço.

A identificação do espaço seguro para construção de envolvimento, apoio, reciprocidade e transformação baseia-se na diferença sensível entre falar e ser ouvido.

Para a transformação social, mais importante do que unir inúmeras falas no mesmo sentido, é manter a diversidade e representatividade nesses espaços dialógicos. O que se busca não é a unanimidade nas decisões, ou a *harmonia coerciva*[43], mas a permanência do diálogo para que haja um espaço adequado à formação das visões mais completas e complexas possíveis.

A constância do diálogo é compreendida como um processo metabólico da vida comunitária. Sendo mais do que a soma de suas partes, uma condicionalidade à existência do coletivo é o movimento contínuo: como tudo o que é vivo, flui – *planta rei*[44]. Essa intencionalidade é parte significativa do aprendizado constante, da criação e fortalecimento de redes da adaptabilidade dos canais de acompanhamento e diálogo.

A conexão pelo compartilhamento recíproco de perspectivas, necessidades e vulnerabilidades em espaço seguro fortalece seus

[43] NADER, Laura. **Harmonia coercitiva:** a economia política dos modelos jurídicos. Disponível em: <http://www.anpocs.org.br/portal/publicacoes/rbcs_00_26/rbcs26_02.htm>. Acesso em: 10 fev. 2016.
[44] ÉFESO, Heráclito de. **Heráclito:** los fragmentos. Montreal: Laodamia Press, 2013.

membros e desperta a potencialidade da vida criativa.

Se os problemas não são nomeados corretamente, é pouco provável que as alternativas imaginadas para sua superação sejam eficazes. Assim como quimioterapia não cura sarampo, a escolha do tratamento adequado demanda a identificação mais precisa quanto possível da situação problemática.

Essa perspectiva aposta na condição humana não como um problema, mas como uma solução. É na humanidade compartilhada e no diálogo contínuo que é possível estabelecer a *imaginação moral* e as transformações sociais criativas.

2.2 Narratividade e estar outramente em conflito

Talvez o maior impacto da prática restaurativa em conflitos seja justamente o fato de que, mesmo quando voltada a eles, a JR não confunde os participantes com o conflito em si. Isto é: ainda que centrada no conflito, não se volta exclusivamente a ele.

É por isso que, no Instituto Pazes[45], costumamos dizer que recebemos casos, mas trabalhamos com pessoas.

---

[45] É comum que a paz seja pensada como calmaria e silêncio. Com formação acadêmica jurídica e pesquisa e atuação em conflitos, Elaine Cristina, Lucas Jerônimo e Mayara Carvalho acreditavam que era fundamental difundir a ideia de paz composta por vozes e diversidade. Pazes, no plural, como são plurais os sujeitos. Foi assim que surgiu o Instituto Pazes, nascido do sonho desses três facilitadores de contribuir para "fazer as pazes" entre a humanidade, construindo conexões mais justas, igualitárias, significativas e que fomentem responsabilidade ativa.
Após anos de trabalho e pesquisa nas áreas de acesso à justiça, direitos humanos e fundamentais e metodologias restaurativas com base na transformação dos conflitos, a fundação de um Instituto advém do objetivo de unir esforços para o estudo permanente e a qualificação de todas as pessoas interessadas em facilitar ações e projetos de justiça e práticas restaurativas, Comunicação Não-Violenta, solução e transformação de conflitos, desenvolvimento comunitário, e práticas integrativas e sistêmicas associadas ao desenvolvimento pessoal e profissional.
Cf. www.pazes.com.br

Lembrem do que falamos anteriormente sobre o perigo da história única. Muitas vezes, a única história que um participante tem sobre o outro é seu envolvimento no conflito, que pode estar sendo confundido, inclusive, com a identificação de uma polarização.

Na JR, algo que auxilia que os participantes enxerguem as outras pessoas em sua humanidade é o fato de terem contato com outras histórias sobre cada um dos sujeitos. Histórias narradas pela sua protagonista. Histórias que trazem mais do que polos, justamente por apresentar seres. Com isso, a JR pretende estimular a perene abertura para o outro, *outramente*[46].

Conforme Levinas, o advérbio *outramente*, do francês *l'autrement*, pauta-se em ética de alteridade, através do contato entre o indivíduo e o outro diferente de si. Isto é, não é a

---

[46] LEVINAS, Emmanuel. **Violência do rosto**. São Paulo: Loyola, 2014.

proximidade, mas a diferença, a principal marca da justiça e da humanização das relações.

Pego emprestado o conceito de Levinas para apresentá-lo dentro do paradigma restaurativo, que defende ser essencial a visibilidade da diferença no presente, "[...] um inter-esse, um inter-essamento – que marca o triunfo e não a subversão do ser[47]".

Para essa visão de justiça enquanto satisfação de necessidades, a justiça se materializa justamente na consciência e visibilidade dessa diferença no aqui e agora.

Reconhece ainda que ao tratar com desumanidade uma pessoa, viola-se o próprio conceito de humanidade e, por isso, ainda que não perceba, atinge a todos os seres humanos, e não só ao grupo diretamente vulnerabilizado[48].

---

[47] RICOEUR, Paul. **Outramente**: leitura do livro Autrement qu'être ou au- delà de l'essence de Emmanuel Lévinas. Petrópolis: Vozes, 2008. p. 19.
[48] Cf. SEGATO, Rita Laura. Antropologia e direitos humanos: alteridade e ética no movimento de expansão dos direitos universais. **MANA**, 12(1): 207- 236, 2006.;

É nesse sentido que Fanon defende que "todas as formas de exploração são idênticas pois todas elas são aplicadas a um mesmo 'objeto': o homem. [...] Não posso deixar de ser solidário com o destino reservado a meu irmão[49]".

Nas palavras de Levinas,

> tenho descrito sempre o rosto do próximo como portador de uma ordem, que impõe ao eu, diante do outro, uma responsabilidade gratuita – e inalienável, como se o eu fosse escolhido e único – e o outro homem é absolutamente outro, isto é, ainda incomparável e, assim, único[50].

SEGATO, Rita Laura. La argamassa jerarquica: violencia moral, reproducción del mundo y la eficácia simbólica del Derecho. In.: _____. **Las estructuras elementales de la violencia:** ensayos sobre género entre la antropologia, el psicoanálisis y los derechos humanos. Bernal: Universidad Nacional de Quilmes, 2003.

[49] FANON, Frantz. **Pele negra máscaras brancas.** Salvador: EDUFBA, 2008.

[50] LEVINAS, Emmanuel. **Violência do rosto.** São Paulo: Loyola, 2014. p. 28.

Assim, o filósofo trabalha o diálogo como modalidade comunicativa a partir da qual o indivíduo é capaz de pensar mais do que pensa, uma vez que, por meio dele, o pensamento extrapola o dado: o indivíduo ultrapassa seu universo limitado pelas oportunidades e experiências já conhecidas por ele e alcança também fragmento do mundo particular do outro.

O contato com a diferença faz com que o ser seja mais do que aquilo que é – ou que era até a oportunidade da comunicação diante da diferença.

O diálogo é conduzido por meio de escuta ativa e fala dirigida ao outro, e não do exercício de tutela ou do falar pelo outro[51]. Estar *outramente*, portanto, é um passo importante para a compreensão do ser humano enquanto totalidade, isto é, como parte de tudo o que existe, segundo

---

[51] SPIVAK, Gayatri Chakravorty. **Pode o subalterno falar?** Belo Horizonte: Editora UFMG, 2014.

uma ética responsável com os demais seres e com o planeta.

Nesse sentido, Sartre[52], Fanon[53], James Baldwin[54] e tantos outros afirmaram, cada um em seu contexto, que é o supremacista que cria a relação de inferiorização e a imagem do inferiorizado. Baldwin chega a ir mais além, afirmando que enquanto não compreendermos a motivação que levou o branco a criar a imagem do preto, não seremos capazes de retomar a condição de humanos que nos une.

Nesse sentido, Fanon narra

> Cheguei ao mundo pretendendo descobrir um sentido nas coisas, minha lama cheia do desejo de estar na origem do mundo, e eis que me descubro objeto em meio a outros objetos.

---

[52] SARTRE, Jean-Paul. **Réflexions sur la question juive.** Paris Gallimard, 1985.
[53] FANON, Frantz. **Pele negra máscaras brancas.** Salvador: EDUFBA, 2008.
[54] PECK, Raoul. **I am not your Negro.** Estados Unidos da América, 93 min., 2016.

Enclausurado nesta objetividade esmagadora, implorei ao outro. **Seu olhar libertador, percorrendo meu corpo subitamente livre de asperezas, me devolveu uma leveza que eu pensava perdida e, extraindo-me do mundo, me entregou ao mundo. Mas, no novo mundo, logo me choquei com a outra vertente, e o outro, através de gestos, atitudes, olhares, fixou-me como se fixa uma solução com um estabilizador.** Fiquei furioso, exigi explicações... Não adiantou nada. Explodi. Aqui estão os farelos reunidos por um outro eu.

Enquanto o negro estiver em casa não precisará, salvo por ocasião de pequenas lutas intestinais, confirmar seu ser diante de um outro. Claro, bem que existe o momento de "ser para-o-outro", de que fala Hegel, mas qualquer ontologia torna-se irrealizável em uma sociedade colonizada e civilizada. [...] Pois **o negro não tem mais de ser negro, mas sê-lo diante do branco. [...] Aos olhos do branco, o negro não tem resistência ontológica.** De um dia para o outro, os pretos tiveram de se situar diante de dois sistemas de referência. Sua metafísica ou, menos

94

pretensiosamente, seus
costumes e instâncias de
referência foram abolidos
porque estavam em contradição
com uma civilização que não
conheciam e que lhes foi
imposta[55]. [grifos acrescidos]

Esse encontro entre seres diversos, ainda

que prospectivo e que carregue memórias e

ancestralidades, é feito no presente, considerando

os seres atuais, razão pela qual é sempre

provisório, tal qual a efemeridade do aqui-agora.

[...] Todo problema humano
exige ser considerado a partir do
tempo. Sendo ideal que o
presente sempre sirva para
construir o futuro.
E esse futuro não é cósmico, é o
do meu século, do meu país, da
minha existência. De modo
algum pretendo preparar o
mundo que me sucederá.
Pertenço irredutivelmente a
minha época.
E é para ela que devo viver. O
futuro deve ser uma construção

[55] FANON, Frantz. **Pele negra máscaras brancas.** Salvador: EDUFBA, 2008.

sustentável do homem existente. Esta edificação se liga ao presente na medida em que coloco-o como algo a ser superado[56].

Talvez seja esse o sentido do que fala Fanon quando afirma que

O que há é minha vida, presa na armadilha da existência. Há minha liberdade, que me devolve a mim próprio. Não, não tenho o direito de ser um negro. Não tenho o dever de ser isso ou aquilo...
[...] Desperto um belo dia no mundo e me atribuo um único direito: exigir do outro um comportamento humano.
Um único dever: o de nunca, através de minhas opções, renegar minha liberdade.
Não quero ser a vítima da Astúcia de um mundo negro.
[...] Não sou prisioneiro da História. Não devo procurar nela o sentido do meu destino.
Devo me lembrar, a todo instante, que o verdadeiro salto

[56] FANON, Frantz. **Pele negra máscaras brancas.** Salvador: EDUFBA, 2008.

consiste em introduzir a invenção na existência.

No mundo em que me encaminho, eu me recrio continuamente.

Sou solidário do Ser na medida em que o ultrapasso.

[...] Não sou escravo da Escravidão que desumanizou meus pais.

[...] Não se deve tentar fixar o homem, pois seu destino é ser solto.

A densidade da História não determina nenhum dos meus atos.

Eu sou meu próprio fundamento.

[...] **Eu, homem de cor, só quero uma coisa:**

Que jamais o instrumento domine o homem. Que cesse para sempre a servidão do homem pelo homem. Ou seja, de mim por um outro. Que me seja permitido descobrir e querer bem ao homem, onde quer que ele se encontre.

[...] Por que simplesmente não tentar sensibilizar o outro, sentir o outro, revelar-me outro?

[...] Minha última prece:

Ô meu corpo, faça sempre de mim um homem que questiona![57]

---

[57] FANON, Frantz. **Pele negra máscaras brancas.** Salvador: EDUFBA, 2008.

2.3 Segurança com cidadania: rompendo com história única em conflitos polarizados

Sendo o país que mais mata por armas de fogo no mundo[58], é de se perguntar quanto da ditadura resta em nossa democracia[59].

Se analisadas as conjunturas da presença da Polícia nas periferias, é possível encontrar muitas similaridades entre a atuação retratada no documentário "Santa Marta: duas semanas no morro", dirigido por Eduardo Coutinho[60] no final

---

[58] TRAVISAN, Maria Carolina. O Brasil é o país que mais mata por arma de fogo no mundo. Disponível em: <http://flacso.org.br/?publication=o-brasil-e-o-pais-que-mais-mata-por-arma-de-fogo-no-mundo>. Acesso em: 31 out. 2018.
[59] Cf. JUPIARA, Aloy; OTAVIO, Chico. **Os porões da contravenção:** jogo do bicho e ditadura militar: a história da aliança que profissionalizou o crime organizado. Rio de Janeiro: Record, 2015.
[60] COUTINHO, Eduardo. **Santa Marta:** duas semanas no morro. Brasil, 1987, 50 min.

da última ditadura brasileira, com o destino do ajudante de pedreiro Amarildo Dias de Souza, desaparecido desde julho de 2013, após ter sido detido pela Polícia Militar; ou mesmo de Marielle Franco, ex-Vereadora do Rio de Janeiro e crítica da atuação da Polícia nas favelas, brutalmente assassinada em março de 2018.

Todavia, é preciso cuidado para não incorrer no perigo da história única quanto a trajetória da Polícia Militar brasileira. No Nacional, como pude perceber na pesquisa empírica do meu doutorado, parte considerável dos resultados do *Segurança com Cidadania* advieram da parceria construída entre a comunidade e a Polícia Militar, sob comando local do Major Davidson.

O à época Tenente integrou o Comitê Local a convite dos próprios moradores do Nacional. A relação de Davidson Tavares com a comunidade nem sempre se deu com essa proximidade: ambos pareciam pautar-se em narrativa única sobre o outro.

Essa mudança de perspectiva é relatada por Claudia Ocelli, Ponto Focal da Prefeitura de Contagem no Programa Conjunto da ONU ao afirmar:

> Antes do Programa, o Tenente Davidson se referia aos meninos como "meliante". [...] Quando foi implementado policiamento comunitário, eles fizeram formação com o Beto, do Papo de Responsa, no Rio de Janeiro. O Tenente mudou tanto que, numa das reuniões do Comitê Local, começou sua fala super triste, dizendo que havia feito o B.O. do 'filho do meu grande amigo' e que não havia conseguido fazer algo para que essa situação se revertesse, que havia sabido na semana anterior de que havia sido jurado de morte.

Cintia Yoshihara, consultora do Programa das Nações Unidas para o Desenvolvimento

(PNUD) no Segurança com Cidadania, de 2010 a 2013, relata que, na perspectiva da comunidade, a abertura para outras narrativas sobre a PM adveio de uma fala do Major Davidson em reunião do Comitê: ao expor a vulnerabilidade e as dificuldades das condições de trabalho da Polícia no território, sensibilizou seus membros para os seres humanos que vestiam o uniforme da PM.

Nas palavras do Major,

> [a confiança da indicação pro Comitê Local veio porque] houve um lapso temporal entre a chegada desse projeto da ONU e o trabalho que já havíamos começado lá. Eu ficava o dia todo no território, praticamente não ficava no Quartel. [...] **A gente parava a viatura e não ficava só na repressão, no ficar fazendo abordagem e vendo quem está com droga e quem não está. Ali, a gente parava a viatura na praça, ia no comercio andando a pé; conversava com um comerciante, conversava com outro; ia em posto de saúde, conversava. O pessoal começou a cumprimentar a**

gente, saber quem a gente é.
Sabia assim 'aquela pessoa é o comandante, que é quem está cuidando daqui' e **sabia que a gente estava voltado mesmo pra promover a segurança no local, e não preocupado só com a repressão.** [Estávamos] preocupados com a segurança de forma geral: se tivesse que ocorrer [repressão], ia ocorrer; a princípio era aquilo, gerar sensação de segurança pra eles com a nossa presença, que a gente ia reverter essa situação toda. No dia a dia mesmo, se fosse acontecer uma festa, a gente estava presente; na reunião, estava presente. **[Mesmo] reunião que não era atinente à segurança pública, se era algo que eles achavam importante, a gente comparecia também.** Então, teve esse tempo pra que eles sentissem que a gente estava realmente com uma forma diferenciada de trabalhar. [ênfase acrescida]

A relação do Major com a comunidade foi tão próxima que só um dos civis entrevistados na pesquisa de campo não fez alusão direta ao nome do Policial. Da mesma maneira, ainda que afastado do território desde o fim do Programa Conjunto, Davidson Tavares lembrava dos nomes e de narrativas das lideranças comunitárias.

Em entrevista, o líder comunitário Zé Gordo[61] relatou que

> A gente gostaria que as pessoas voltassem a pensar nisso [no lazer para a juventude] entendendo as cabeças dos jovens. Como a gente viu o Tenente Davidson, que pegava uma coisa aqui, outra acolá [pra doar para crianças da comunidade]. Ele mesmo veio na minha casa pra pegar um presentinho, pra chegar nas vilas e dividir com as crianças. **Isso que a gente queria ver da nossa Polícia: não deixar que os jovens tenham medo dela, dela ser uma Polícia ligada à juventude.** [...] Às vezes o menino passa ali, se tem Polícia, já sai correndo com medo. **E a Polícia não é pra ter medo, a Polícia é pra estar aí defendendo os nossos direitos,**

---

[61] José Ferreira de Souza, o "Zé Gordo", liderança comunitária com atuação tanto na propositura conjunta das atividades do *Segurança com Cidadania*, quanto na sua implementação no território.

né, e a paz, que pra mim é uma coisa muito importante. Eu só tenho a agradecer pelo que a ONU fez aqui e pelos meus colegas da comunidade, o Marcos, o Café, o Tony Lanche, a irmã do Café, a Raquel, que também trabalhou, várias pessoas, e mesmo as pessoas da Prefeitura que estavam ligadas àquilo ali, e **nós estávamos juntos pela comunidade**. [ênfase acrescida]

A iniciativa a qual Zé Gordo se referiu é o "PM Noel", projeto em que os policiais apadrinham crianças em situação de vulnerabilidade, trocando cartas com os meninos e oferecendo companhia e presentes a eles no período do Natal.

No Nacional, o "PM Noel" foi resultado da parceria entre o Major e uma liderança comunitária, a Dona Penha, que mantinha uma creche comunitária voltada a atender "filhos de pessoas humildes e até de pessoas com algum desvio", como ressaltou Davidson Tavares. Como só contava com cerca de 10 a 15 profissionais no Estrela Dalva, o Major estendeu a amplitude do projeto, convidando outros policiais da Companhia a participarem. É como relata:

> Na época de natal a gente foi lá, levamos presentes, essas coisas, passamos umas boas horas com eles, as criancinhas. [...] A gente levou a questão pro comandante da gente fazer uma coisa diferenciada lá nessa escolinha, na creche da Dona Penha. Aí cada policial levou uns presentes lá. Eles tinham que escrever uma cartinha pra a gente, sabe? Cada um pedia uma coisa, uns pediam uma bicicleta, outros pediam uma bola, mas tinha uns que pediam cesta básica, pediam material de escola...

As formações oferecidas pela ONU foram essenciais nessa mudança de perspectiva sobre o tratamento e o vínculo entre Polícia e comunidade. Uma das formações oferecidas, a cargo da atriz Elisa Lucinda, criadora do projeto "Palavra de Polícia – Outras Armas", procurava usar a poesia como ferramenta de desarmamento ao fomentar autoestima, criatividade e autoconhecimento pela palavra.

No Programa Conjunto, esse trabalho tinha a finalidade de fomentar a integração entre os diversos atores que interagiam com o território, de modo a tornar o diálogo instrumento de construção e fortalecimento de vínculos positivos.

Por meio da poesia, estimulava-se a estruturação das ideias e discursos. A palavra cuidadosamente trabalhada poderia reivindicar direitos, falar de sentimentos e questões desafiadoras, objetivos e incompreensões sem invadir ou desrespeitar o espaço do outro.

Sobre o "Palavra de Polícia", o Major Davidson comenta que se tratava de

> uma arte de usar o verbo, **usar a palavra pra desarmar, pra dialogar, pra diminuir a tensão.** Ela [Elisa Lucinda] ficou três dias no território fazendo um trabalho das palavras, da força

das palavras, depois passou um poema pra cada um dos presentes e terminou lá na Praça Estrela Dalva, [onde] cada um tinha que declamar a poesia. E depois nós fomos lá em Brasília e ficamos mais dois dias com ela num seminário de fechamento dessa capacitação do uso da palavra, da força da palavra. Ela fez um trabalho muito bom, principalmente pra quem ficou na região, quem ficou no local e que precisava dialogar com todo tipo de pessoa, né? [...] **a gente já conhecia um pouco esse uso da força progressiva na questão da comunicação, de não chegar já colocando a mão numa pessoa.** Se você vai fazendo isso pelo diálogo... **mas a técnica dela de conversar, de saber conduzir as palavras, a intensidade da palavra conforme a situação fazia diferença.** Eu achei o trabalho dela muito bom pra comunidade toda. [ênfase acrescida]

A palavra também foi determinante em outra atuação da PM no Nacional: o mapeamento de vítimas em potencial. Nele, havia a atuação preventiva de inteligência que procurava identificar prováveis vítimas de homicídio e evitar assassinatos no território, principalmente em decorrência de tráfico de drogas. Como alerta Davidson Tavares, o homicídio "é o crime que mais gera insegurança, é o crime que dá característica à região, principalmente entre adolescentes".

Para isso, a Polícia Militar passou a visitar casas dos familiares dessas vítimas em potencial, pretendendo conversar com as mães e alertar para a gravidade da situação. Alguns casos chegaram a ser encaminhados para programas de proteção de testemunhas, com consequente retirada dos sujeitos ameaçados do território. Em outros, o diálogo e a parceria com os responsáveis foram suficientes para resolver a situação, seja por reforço de cuidado, diálogo com o adolescente ou pagamento de dívida.

Nesse caso, o Policial foi enfático ao apontar a sensível diminuição nos homicídios de adolescentes no Nacional. Como alerta:

Muitas vezes, pra sociedade, quem está morrendo é bandido, mas é uma pessoa que tem mãe, que tem pai, que tem família, que tem alguém que gosta dela. Não só isso, é um índice também que afeta a comunidade, o município... vai se somando e gera fator de insegurança. [...] às vezes essa informação vinha da Inteligência da própria Polícia, às vezes de um morador de lá mesmo. Não sei se você ouviu falar de um, que tem apelido de Café. Ele era um cara que às vezes a Polícia tinha como informante de bandido, às vezes como informante da Polícia. Tinha polícia que não queria saber dele porque ele tinha dialogo com o pessoal lá, os infratores. Mas a gente aproveitava, a gente tinha habilidade, ia na casa dele, tomava café com ele, entrava na comunidade com ele, entendeu? Porque tinha horas que a gente ajudava ele em algumas situações, assim, não de crime... vamos supor, se dependesse do Comando, não teria lá um baile *funk*, não queriam de jeito nenhum. E acaba que a gente, estando lá, com os pedidos dele, 'ou, Tenente, me ajuda aí, pelo menos um pouco lá e tal'. A gente falava 'olha, Café, se você fizer o negócio lá e não acabar tarde demais, nem gerar reclamação, não vou mandar o pessoal encerrar lá não'. Aí, com isso, ele conseguia uma barganha. O pessoal já sabia que às vezes ele ia falar pra a gente, aí alguém dava um toque nele, 'ou, Café, vão passar o cerão no fulano...', no linguajar deles, porque já sabia também que talvez ele ia falar pra a gente. E aí já antecipava tudo. **Com isso, a gente ficou um bom tempo lá sem registro.** Esse pessoal também... eles têm muita informação. 'a Polícia tá ficando mais aqui, a Polícia quer pegar autor de homicídio'. **Porque é muito comum o homicídio [de adolescentes] ficar no registro e ninguém correr atrás, porque é marginal que morreu. Eles já sabiam que a gente ia correr atrás.** Se tivesse homicídio, a gente ia correr atrás, a gente ia procurar saber quem foi. E agora o cara não quer assinar o B.O. **Ele é traficante, ele tá ali, mas o B.O. de homicídio ele não quer assinar, ele sabe que é pesado. Uma vez dele indiciado aquilo ali já arrebenta ele, vamos dizer assim. [...] E quando tinha uma**

prisão que ela não foi nossa, um
outro Batalhão especializado
recebeu uma denuncia e foi lá e
pulou e pegou muita coisa...
Aquele cara que perdeu já é
uma vitima em potencial por
que ele não é a boca, ele não é o
traficante, ele estava com o
material pra vender, ele não vai
dar conta de pagar e às vezes
ele ainda deu algum serviço. Às
vezes além dele perder a dele ele
deu mais alguma coisa. Então, a
gente já sabia, no outro dia
quando pegou o B.O., a gente já
sabia, aquele ali virou uma...
[ênfase acrescida]

Nesse processo de diálogo com membros da comunidade, a Polícia passou a identificar quais lideranças poderiam ser importantes aliadas na construção de um espaço mais seguro. Foi nesse contexto que o Major passou a se relacionar de maneira mais próxima com lideranças comunitárias responsáveis pelo engajamento com a juventude por meio do time Recanto da Pampulha. Foi com essa parceria que ele propôs o já mencionado engajamento do "adolescente problema" como administrador do campinho.

Esse envolvimento com membros da comunidade auxiliou na proteção das crianças e adolescentes, mas também dos próprios policiais, que passaram a sofrer menos resistência dos moradores e contaram com auxílio direto de lideranças "menos expostas, sem contato direito com a cara da segurança pública no território", como ressaltou o Major.

Esse vínculo acabou interferindo diretamente na imagem que se tinha da violência no Nacional e de suas possíveis soluções. Tanto que a Polícia passou a atuar com a Secretaria de Educação ao identificar a relação direta entre evasão escolar e envolvimento com atos infracionais ou situações de vulnerabilidade.

Sobre o tema, confira o relato do Major Davidson:

Teve uma vez que, trabalhando, eu deparei com um menino, que devia ter uns oito anos, e uma menina, irmã dele, que devia ter uns sete. Eu deparei com eles, assim, mexendo no lixo, brincando no lixo, revirando umas coisas. Fui procurar saber quem eram os pais. Fui olhar, **esses meninos estavam fora de escola já tinha quase um ano [...] Fui conversar com a mãe.** A mãe ficou até com muito medo, mas falamos com ela que a finalidade era só a gente resolver o problema, aí conseguimos junto com a Administradora Regional e junto com a Diretora da escola, encaixar eles lá, sabe? E através disso **a gente percebeu o problema de evasão escolar influenciando no envolvimento da violência com os meninos lá. Era um dado que começou a preocupar a gente. Nós demos esses encaminhamentos e colocamos isso nas reuniões pra que isso fosse trabalhado junto a Secretaria de Educação, que fosse levantado esse dado de evasão escolar, e nos propusemos a, se precisasse, a gente ir junto, de uma forma ou de outra, fardado ou não, pra verificar o que estava acontecendo. [...]** já quase depois dos dois anos lá, a gente começou a perceber uma transformação grande quando os meninos estavam na idade abaixo de 12 anos e acima de 12 anos. Eles perdiam totalmente a identidade deles, os meninos que cumprimentavam a gente, já passavam a não gostar da Polícia, já mudavam o comportamento e passavam a ser influenciados pelos infratores, perdia aquele ambiente deles de casa e tudo. Não sei até que ponto eles passavam a ir pra rua mais e aquilo influenciava e eles perdiam aquela inocência deles, aquele caminho. Detectamos o quanto que era difícil retomar eles, combater isso. Aí o Paulinho [Terrinha] tinha esse projeto dele do *graffiti* nesse pensamento de envolver vários jovens nos projetos pra que pudessem ser capacitados lá. [...] Quando a gente acha essas figuras assim, Zé Gordo, Café, Dona Penha, a gente vai aproximando e, graças a Deus, tanto eu fui muito feliz com eles, como eles gostavam da gente. Justamente por que a gente chegava com a preocupação de ajudar. No que a gente podia ajudar, a gente ajudava. [ênfase acrescida]

Nesse movimento, a atuação da Polícia frente aos problemas de violência e segurança passou a caminhar próxima à compreensão do Zé Gordo quanto ao oferecimento de opções de lazer como pacificador social. Assim, para além da ação direta junto às escolas e ao time de futebol, passou também a apoiar festividades e manifestações culturais na comunidade, a exemplo de bailes *funk* e do São João do Severina Chic Chic.

Dessa forma, a imagem que se tinha da política de segurança passou a caminhar amparada na de cidadania. Não à toa, outros dois toques de recolher que ameaçaram a comunidade foram evitados antes mesmo de acontecer.

O trabalho em parceria da Polícia com a comunidade reforçou a possibilidade de estabelecer diálogo e conexão com as necessidades comuns entre dois polos que até então enxergavam-se como antagonistas.

A superação de história única, nesse caso, modificou tanto a imagem que a Polícia tinha do bairro, quanto aquela que os moradores tinham dos policiais.

Mesmo em contextos polarizados e historicamente violentos, é possível transformar conflitos. Um bom lugar para se começar é no compartilhamento de narrativas pessoais, que servem tanto para ampliar a consciência de quem se é em dado conflito; quanto para compreender os impactos, necessidades e sentimentos de outros sujeitos envolvidos na situação.

Ao oferecer um espaço seguro e intencional para compartilhamento não-violento[62]

---

[62] A Justiça Restaurativa não se satisfaz com o mero compartilhamento de narrativas. Isto é: não importa simplesmente o falar, mas o como se narra. É por isso que JR e Comunicação Não-Violenta se relacionam de modo tão próximo. Sobre o tema, cf. CARVALHO, Mayara; JERONIMO, Lucas; SILVA, Elaine Cristina da. **Comunicação Não-Violenta:** diálogos e reflexões. Belo Horizonte: Instituto Pazes, 2020.

dessas narrativas, a Justiça Restaurativa pode contribuir bastante para a transformação de conflitos, relações e comunidades.

3 JUSTIÇA RESTAURATIVA E(M) VIOLÊNCIAS

Embora tenha dito anteriormente que "conflito" é a perspectiva mais *mainstream* da utilização da Justiça Restaurativa, a verdade é que, diante da histórica confusão entre os dois termos, na verdade, ao falar-se em conflitos, as pessoas costumam ter por base uma atuação restaurativa em casos de violência.

Serei ainda mais enfática: é comum associar o potencial da atuação Justiça Restaurativa, de forma reducionista, a delitos ou atos infracionais.

São diversos os equívocos que podem estar na base desse erro tão frequente, entre eles: a) o surgimento recente da conflitologia enquanto ciência e a ainda mais recente compreensão de que conflito não é, nem presume violência; b) a popularização da obra do Howard Zehr[63] sobre justiça restaurativa, que trata da visão de justiça mais especificamente no âmbito criminal e infracional; c) o desconhecimento de aplicações anteriores da Justiça Restaurativa em práticas humanitárias[64]; d) a usurpação do emprego da autocomposição como forma de *macdonaldização* do acesso a justiça para grupos vulneráveis[65].

Sim, a Justiça Restaurativa tem atuação específica diante de violência, de forma a contribuir tanto para sua prevenção, quanto para

[63] Cf. ZEHR, Howard. **Changing lenses:** restorative justice for our times. Harrisonburg: Herald Press, 2015.
[64] GADE, Christian B. N. "Restorative Justice": History of the Term's International and Danish Use. In.: NYLUND, Anna; ERVASTI, Kaijus; ADRIAN, Lin. (Ed.). **Nordic Mediation Research.** S.l.: Springer, 2018.
[65] CARVALHO, Mayara; COELHO, Juliana. Autocomposição judicial: o meio mais rápido e barato para a macdonaldização das decisões? Análise segundo o CPC que ama muito tudo isso. In.: CORDEIRO, Juliana; NORATO, Ester; MARX NETO, Edgard. **Novas tendências:** diálogos entre direito material e processual. Belo Horizonte: D'Plácido, 2018.

a construção de paz. Mas sua abrangência também é bem mais abrangente do que isso.

É preciso desfazer outra crença limitante sobre a atuação de JR em situações de violência: é bastante comum que a percepção da extensão da violência seja inferior a que se poderia ter, o que é, a um só tempo, seletivo e enviesado.

Quando falo que a Justiça Restaurativa tem grande potencial de atuação diante de violências, refiro-me não simplesmente a violência física, mas também psicológica; verbal ou não-verbal; material ou imaterial; real ou virtual; cultural e estrutural; histórica ou episódica; circunstancial ou continuada; impessoal ou motivada; deliberada ou não-intencional; interna e externa; individual ou coletiva; legítima e ilegítima.

Com isso, quero dizer que a Justiça Restaurativa também tem lugar diante de violências extremamente enraizadas como as históricas, estruturais e culturais.

Digo ainda que é possível atuar com JR diante de práticas de intolerância ou mesmo crimes de ódio.

Falo também da importância do processo restaurativo impulsionar a reflexão e consciência sobre violências da ordem do gesto, da onomatopeia, do olhar, da apatia.

Ao dizer desse modo, pretendo ainda abranger não simplesmente a violência intencional, mas também aquelas tantas que fazemos no nosso cotidiano de modo não-deliberado, sem termos qualquer consciência delas enquanto praticamos.

E falo algo mais: enfatizo que a JR não cuida simplesmente da violência que uma pessoa ou um grupo comete em face de outra. Para a Justiça Restaurativa, é igualmente importante impulsionar consciência e rompimento com ciclos de violência internos que os participantes possam estar sustentando. A violência que pratico comigo também é importante para a JR!

Em razão do enraizamento de determinados mitos sobre as práticas restaurativas, é bastante comum ouvirmos que os fundamentos da JR são: danos, responsabilidade e cooperação. Pelo que já tratamos até aqui, imagino que você consiga perceber que, se a JR não pressupõe violência, muito menos dano, seria extremamente reducionista e incoerente que esses mesmos danos fossem um de seus fundamentos.

É verdade que, quando existirem danos, a Justiça Restaurativa deve buscar repará-los. Todavia, pressupor que estes são um dos fundamentos da JR não é menos errado apenas por ser um lugar-comum.

Essa mesma observação serve para as alegadas "perguntas restaurativas", que costumam ser genericamente utilizadas sem a devida precisão de que o Howard Zehr apresentou cada uma delas dentro do contexto de atuação em violência.

Dano não é elemento essencial em conflitos, menos ainda em conexão. É importante ser intencional e manifesta também aqui.

Diante de danos, as perguntas restaurativas fundamentais serão: quem sofreu ou está sofrendo danos?; Do que essa pessoa precisa? Ou seja: quais suas necessidades?; Quem tem responsabilidade de atende-las?; Quais elementos contribuíram para causar o ato?; Quais outros sujeitos seria interessante que participassem do processo?; Qual método ou processo adequado nesse contexto?.

Observe que a pergunta quanto ao método ou processo foi posta por último. Não foi coincidência: na perspectiva restaurativa, o método só será adequado se considerar todas as informações anteriores antes de ser proposto.

Se a resposta "processos circulares", "conferências restaurativas" ou mesmo "mediação" sai da boca do facilitador antes de ouvir atentamente ao que os envolvidos têm a dizer sobre cada uma daquelas perguntas, não estamos diante de um método adequado. Já que, quando muito, apostou na sorte ou na sua pressuposição sobre o caso para aferir adequação.

Embora compartilhe da angústia quanto às dificuldades para avaliar a qualidade e o potencial restaurativo de práticas tão diversificadas, é importante considerar que o acesso à justiça enquanto satisfação compreende que o "como" da Justiça Restaurativa só pode ser aferido caso a caso, nunca na abstração. Não sem razão, a JR surgiu primeiro como prática, só depois como teoria.

Como uma prática restaurativa mal executada pode gerar danos ainda maiores às vítimas do que sua regular desconsideração nos processos judiciais[66], é indispensável que haja espaço de escuta também quanto aos impactos da prática no conflito e na vida dos participantes.

Ainda que seja verdadeiro que o sistema oficial de justiça não costuma considerar as necessidades de quem sofreu os danos, estudos demonstram que é também verdade que vítimas saem de muitos programas de justiça restaurativa menos satisfeitas do que os demais participantes[67].

Por essa razão, uma das fases essenciais a toda prática restaurativa é o acompanhamento. Um bom recurso para avaliar se o acesso foi devidamente garantido é a análise de efetividade.

Na perspectiva da vítima, a opção pela prática restaurativa pode ser viável por: a) tratar-se de procedimento menos formal, em que suas necessidades e sentimentos importam; b) garantir

---

[66] SHERMAN, Lawrence; STRANG, Heather. **Restorative Justice:** the evidence. London: The Smith Institute, 2007.
[67] BRAITHWAITE, John. Does restorative justice work? In.: _____. **Restorative justice and responsive regulation.** Oxford: Oxford University Press, 2002. pp. 45-72.

mais informação sobre o processo e seus resultados; c) pautar-se na participação direta no caso; d) possibilitar tratamento respeitoso e justo, considerando seus sentimentos, sua dor e suas necessidades; e e) visar a restauração material e emocional[68].

Da mesma forma, o fato de envolver microcomunidades de afeto e referência é por si só valoroso, independente do impacto do dano e da eventual reparação.

Ao oferecer a todos os participantes a oportunidade de envolver-se e decidir como garantir que aquela comunidade seja mais segura, cuidadosa e acolhedora, já faz desses vínculos potencialmente mais humanizados.

A pesquisa de Parker sugere, por exemplo, que a existência de práticas restaurativas para tratar de assédio sexual no ambiente de trabalho

---

[68] Cf. BRAITHWAITE, John. Does restorative justice work? In.: _____. **Restorative justice and responsive regulation.** Oxford: Oxford University Press, 2002. pp. 45-72.

pode impactar efetivamente na redução desse delito[69].

Relembre o caso apresentado na escola de Ramallah, na Palestina, em que participaram a criança que produziu o dano, aquela que sofreu diretamente seus efeitos, bem como os demais estudantes da turma e a professora que estava na sala no momento. O envolvimento dessas outras pessoas foi fundamental para que se construísse uma cultura de paz naquele ambiente.

Além disso, a prática restaurativa abre a oportunidade para que elas atuem como apoiadoras, relembrando umas às outras os combinados, as necessidades e os sentimentos trabalhados.

A participação de pessoas indicadas pelos diretamente envolvidos na situação também pode

---

[69] PARKER, Christine. Public Rights in Private Government: Corporate Compliance with Sexual Harassment Legislation, **Australian Journal of Human Rights**, 6, 5(1), 1999, p. 159-193. Disponível em: <http://classic.austlii.edu.au/au/journals/AUJlHRights/1999/6.html>. Acesso em 12 fev. 2017.

ser essencial para que contem com suporte para executar e manter as ações planejadas no encontro. O simples envolvimento de membros aparentemente não afetados pelo caso, mas que são elencados como pessoas de referência, serve como lembrança aos participantes de que não estão sozinhos, de que outros indivíduos se importam com eles e com sua felicidade.

Isso é especialmente importante quando o caso envolve criança e adolescente por serem sujeitos de direito em especial condição de desenvolvimento (art. 3º, Lei 8.069/1990), havendo corresponsabilidade da família, da escola, do Estado e da comunidade pela sua socioeducação (art. 227, CRFB/1988).

3.1 Responsabilização na Justiça Restaurativa

Um mito comum sobre a prática restaurativa é a de que ela "passa a mão na cabeça" de quem cometeu algum ato danoso. Esse mito tem mais relação com eventuais pré-compreensões e ignorâncias daquele que fala, do que da prática restaurativa em si.

Isso acontece frequentemente pela associação de punição a responsabilização. Efetivamente, a JR não se comunica com os polos da díade punição-recompensa.

Embora tenham a responsabilização como um de seus elementos centrais, as práticas restaurativas não se voltam para a apuração de culpa, nem buscam a vergonha de quem praticou o ato danoso. Tampouco tratam aquele que sofreu o dano como mera pedra de toque para a condução do procedimento.

Para as práticas restaurativas, a responsabilização é necessariamente ativa, ou seja, demanda compreensão dos efeitos das ações, de quais pessoas e de como foram afetadas.

Pressupõe, portanto, a escuta ativa das necessidades, sentimentos e percepções de cada um quanto a situação.

Para que haja efetiva responsabilização, é imprescindível que se tenha uma visão completa e complexa da questão, compreendendo como atinge cada um dos interessados. Só assim é possível pensar em um plano de ações que visem atender às necessidades humanas em questão e reparar, na medida do possível, os danos eventualmente existentes[70].

Para que haja responsabilização, é necessário que alguns elementos sejam observados: a) reconhecimento de que sua ação, ainda que não intencional, causou dano; b)

---

[70] Cf. MACKAY, Robert E. The nexus between rights and restorative justice: using a case example of an organization 'C' – the right – or moral and spiritual claim – to recognition. In.: GRAVIELIDES, Theo; ARTINOPOULOU, Vasso. **Reconstructing restorative justice philosophy.** Surrey: Ashgate Publishing Limited, 2013.

compreensão de si enquanto agente que poderia ter agido de modo diverso; c) dimensão dos impactos diretos e indiretos do ato; d) conjunto de ações com vistas a, na medida do possível, reparar o dano; e) identificação de padrões pessoais de comportamento que possibilitaram a ação danosa; f) transformação desses padrões de comportamento. Embora os dois últimos aspectos não estejam necessariamente presentes no encontro restaurativo, constituem derivações frequentes desse processo.

Ela parte de algumas perguntas paradigmáticas pretendendo identificar quem sofreu os danos, quais suas necessidades e quais são os responsáveis por suprir essas demandas. Entende que toda violação corresponde a obrigações que devem ser adequadas às necessidades dos seres humanos envolvidos. Para tanto, propõe-se a escutar ativamente quem praticou o ato, quem sofreu os danos diretos e indiretos e os membros das microcomunidades de apoio e referência apontados por estes indivíduos.

Seu foco, portanto, é atender às necessidades, de modo a melhorar a situação das pessoas e dos relacionamentos em questão. Ao visar a reparação dos danos, refere-se não só aos concretos, mas também àqueles da esfera simbólica. Esse movimento considera os danos de uma maneira global, buscando amparar também aqueles sofridos pela comunidade e pelo próprio autor do ato.

Isso porque, embora mantenha o foco na responsabilização, presume que normalmente uma pessoa só causa dano a outra quando tem uma compreensão incorreta ou incompleta da realidade ou está em situação de vulnerabilidade ou sofrimento.

Com essa compreensão humanizada de justiça, centrada nos sujeitos, a reparação dos danos volta-se a todos os envolvidos na situação conflitiva e é capaz de promover transformação social[71].

É também uma aposta na condição humana, rompendo com perspectivas que costumam ter como pressuposto a desconfiança da humanidade do outro. Com escuta ativa e consideração dos interessados, as práticas restaurativas buscam agir concomitantemente a *Estratégias para Conscientização de Trauma e Construção de Resiliência* (STAR, do inglês *Strategies for Trauma Awareness & Resilience*), uma vez que o trauma é propulsor de conflitos e violências.

Embora o trauma não seja pressuposto da prática restaurativa, é preciso ter em mente que, sendo centrada nos sujeitos, a JR é informada por trauma e resiliência.

---

[71] ZELLERER, Evelyn. Realizing the potential of restorative justice. In.: GRAVIELIDES, Theo; ARTINOPOULOU, Vasso. **Reconstructing restorative justice philosophy.** Surrey: Ashgate Publishing Limited, 2013.

Por essa razão, procura identificar relações de trauma e *stress*, isto é, de resposta tensional, seja ela individual ou coletiva, oferecida diante de eventos, fatos cumulativos ou continuados, como reflexo de exaustão ou perturbação extenuante. Essa reação pode acontecer nos planos pessoal, histórico, transgeracional, cultural ou estrutural. Sua presença viola a dignidade do sujeito ou do grupo por promover desconexão e esgotamento[72].

O papel do encontro e do fortalecimento das conexões é fundamental na construção de resiliência, da habilidade de reestabelecer a harmonia individual ou coletiva, de modo a

---

[72] Noção de trauma construída no curso de *Strategies for Trauma Awareness & Resilience – level 1* realizado em 2018 pelo *Center for Justice and Peacebuilding* da *Eastern Mennonite University*, em Harrisonburg, Virgínia, EUA, com os professores Donna Minter e Ram Bhagat. Cf. YODER, Carolyn E.; BARGE, Elaine Zook. **Strategies for Trauma Awareness and Resilience**: The Unfolding Story. Harrisonburg: Center for Justice and Peacebuilding, 2012.; CENTER FOR JUSTICE AND PEACEBUILDING. **Strategies for Trauma Awareness and Resilience:** Level I Participant Manual. Harrisonburg: Eastern Mennonite University, 2017.

promover adaptação, transformação ou ação criativa diante dos desafios.

O compartilhamento de histórias, o apoio e a presença da microcomunidade de afeto e referência propõem-se a intensificar o pertencimento e o senso de significado, promovendo alívio e fortalecendo vínculos.

Nesse processo, objetiva-se oferecer oportunidades de inserção de grandes discussões públicas na trivialidade cotidiana, de modo a conectar a vida profunda e a vida mundana dos participantes.

Sem demandar debates abstratos voltados às esferas política ou acadêmica, visa enraizar transformações relevantes no trato regular do outro diferente. Ao despertar consciência de empatia, isonomia, não-violência e consideração, procura inserir o sublime no usual, fazer do extraordinário algo da ordinariedade.

Por contemplar temas íntimos e narratividades de vulnerabilidade, a Justiça Restaurativa pauta-se em sigilo. Sem ele, a construção do espaço seguro para o compartilhamento restaria prejudicado. O sigilo é determinante para sua existência, devendo ser enfatizado e discutido amplamente no estabelecimento das regras de conduta que guiarão as sessões coletivas.

A confidencialidade diz respeito não só a assuntos que possam parecer comprometedores, abarcando também aqueles que levam à admiração pessoal. O suposto é de que, cabe à pessoa que contou a história decidir a quem, como, quando e onde sua narrativa pode ser difundida. Se a pessoa dona da história não anuiu expressamente com a disseminação da narrativa num dado espaço externo, contá-la geraria quebra de confiança, ainda que fosse feito de modo bem-intencionado.

As práticas restaurativas viabilizam e demandam engajamento das partes afetadas ou possivelmente afetadas pela questão, encorajando-as para que desempenhem papeis significativos no processo decisório ou na compreensão do caso. Estimulam também o compartilhamento de narrativas, por meio de contação de histórias que aproximem os sujeitos e apresentem enredos distintos daqueles exclusivamente vinculados à situação problemática.

A participação é substancial, partindo da colaboração da narrativa de cada um dos interessados para a construção do saber coletivo[73]. Por visar a transformação da situação, a JR volta-se às consequências e também às causas do problema, tentando desfazer injustiças ou

---

[73] PRANIS, Kay. **Processos circulares.** São Paulo: Pala Athenas, 2010.; PRANIS, Kay; STUART, Barry; WEDGE, Mark. Circles: a paradigm shift in how we respond to crime. In.: _____. **Peacemaking circles:** from conflict to community. St. Paul: Living Justice Press, 2003.

desigualdades em que possam estar assentados aqueles vínculos e buscando reparar outras situações de vulnerabilidade que envolvam esses agentes.

Entende que punição e vitimização se complementam e, por isso, busca afastar-se de ambos. Compreende que qualquer tentativa de controlar o comportamento alheio, seja desestimulando, seja recompensando é desumanizadora.

A justiça restaurativa procura, ao contrário, ampliar a consciência de cada um dos participantes para que compreendam as diversas causas, fatores, consequências e perspectivas envolvidas naquela situação. Pretende oferecer, ainda, espaço seguro e panorama ampliado para acolher com cuidado e tratar traumas individuais ou coletivos.

Como já dito anteriormente, para que tudo isso seja possível, no entanto, é fundamental que os envolvidos expressem sua voluntariedade em participar do processo restaurativo, que só deve seguir até quando, onde e como eles desejam.

3.2 Justiça Restaurativa, violência e *imaginação moral*

Inicialmente, é importante ter em mente que qualquer comunidade é palco, vítima e também produtora de violências[74]. Isto é, é possível identificar violências na, pela e contra a comunidade, o que se relaciona diretamente às estruturas mentais, padrões de comportamento, valores e contexto em que se insere.

É de se questionar, então, como seria possível transcender esses ciclos de violência que

---

[74] MELO, Bendita Portugal e. **(Re)pensar a violência escolar à luz das estratégias de intervenção em territórios educativos de intervenção prioritária.** Disponível em: <http://repositorio.ul.pt/bitstream/10451/11003/1/repensar%2 0a%20violencia%20escolar.pdf>. Acesso em: 01 jul. 2018.

permeiam as comunidades humanas enquanto permanecemos vivendo nelas. Impulsionar essa transcendência demanda a mobilização da capacidade de criar, usar e construir *imaginação moral*.

Para Lederach, a *imaginação moral* requer a capacidade de nos imaginarmos numa rede relacional que inclua as figuras que projetamos como nossos inimigos; a habilidade de sustentarmos a curiosidade que acolhe a complexidade da vida, sem recairmos em polarização; a crença e a busca do ato criativo; e a aceitação do risco inerente de se caminhar no desconhecido que reside além do cenário familiar de violência[75].

Demanda, portanto, que se perceba além da realidade visível, para alcançar a natureza escondida nos relacionamentos. O termo

---

[75] LEDERACH, John Paul. **The moral imagination:** the art and soul of building peace. Oxford: Oxford University Press, 2005.

imaginação não está na expressão ao acaso: o ato criativo é enfatizado como produtor de novas realidades e soluções para problemas antigos. A capacidade de criar algo original é vetor de mudança da maneira como se enxerga as situações e possibilidades.

O conceito carrega consigo a qualidade de transcendência ao romper com a aparência imediata que parecia ser determinante para buscar construir outro futuro possível.

Nas palavras de Lederach,

> A *imaginação moral* como a capacidade de imaginar algo enraizado nos desafios do mundo real e ainda competente de dar a luz a algo que ainda não existe. No que tange à construção de paz, essa capacidade de imaginar e gerar respostas construtivas e iniciativas que, ao mesmo tempo que permanece enraizada aos desafios cotidianos de violência, transcende e, em última instância, rompe as amarras dos padrões e ciclos destrutivos.

Essa prospecção não empurra para localizar *a resposta* dos nossos problemas numa perspectiva global única, como se tratasse de novo sistema miraculoso político, social ou econômico. Ela nos guia para o entendimento da natureza de momentos decisivos e de como padrões destrutivos podem ser transcendidos. Os pontos de viragem são momentos geradores de vida nova, que crescem do que parecem ser solos estéreis de violência e relacionamentos destrutivos. Essa inesperada nova vida torna possível o processo de transformação construtiva da imaginação moral sem a qual a construção de paz não pode ser entendida ou materializada. Contudo, **esses momentos geradores de vida não emergem da aplicação rotineira de uma técnica ou receita. Eles precisam ser explorados e entendidos num contexto que se aproxima do processo artístico, impregnado de criatividade, habilidade, acaso e processo manual.** [tradução livre[76], grifos acrescidos]

---

[76] No original: "The moral imagination as the capacity to imagine something rooted in the challenges of the real world yet capable of giving birth of that which does not yet exist. In

Diferente da violência, que supõe a inflexibilidade de criar soluções mais adequadas para responder aos problemas que se tem, a *imaginação moral* advém da capacidade de nos imaginarmos como agentes, como parte de uma relação em que se deseja acolher a complexidade e incorporá-la em ato criativo para transformação construtiva.

---

reference to peace-building, this is the capacity to imagine and generate constructive responses and initiatives that, while rooted in the day-to-day challenges of violence, transcend and ultimately break the grips of those destructive patterns and cycles.

This exploration does not push toward finding *the answer* to our problems in a single overarching solution, like some miraculous new political, social, or economic system. It does push us toward understanding the nature of turning points and how destructive patterns are transcended. Turning points are moments pregnant with new life, which rise from what appear to be the barren grounds of destructive violence and relationships. This unexpected new life makes possible processes of constructive change in human affairs and constitutes the moral imagination without which peacebuilding cannot be understood or practiced. However, such pregnant moments do not emerge through the rote application of a technique or a recipe. They must be explored and understood in the context of something that approximates the artistic process, imbued as it is with creativity, skill, serendipity and craftsmanship".

Por pautar-se na criatividade, é um ato imprevisto, uma resposta inesperada criada durante cada momento e, portanto, conectada à existência consciente no momento presente[77]. Ela flui de maneira flexível, observando as mudanças que vão emergindo e, como um movimento complexo, profundo e criativo, é essencialmente pautada em simplicidade, no uso eficiente, adaptado e reorientado dos recursos que se tem. Conecta, portanto, intuição, observação atenta e experiência.

Ainda segundo o mesmo autor, "arte é tudo aquilo que a mão humana toca, molda e cria em resposta ao que toca nosso mais profundo sentido de ser, nossa vivência. O processo artístico tem natureza dialética: surge da experiência humana e molda, dá expressão e significado a essa mesma experiência[78]".

[77] SENGE, Peter. Et al. **Presence**: exploring profound change in people, organizations and society. London: Nicholas Brealey Publishing, 2005.; MACHADO, Regina. **A arte da palavra e da escuta.** São Paulo: Reviravolta, 2015.

A curiosidade demanda atenção plena[79] e investigação contínua sobre as coisas que nos cercam e o seus significados. É, por isso, simultaneamente transcendental e mundana. Não à toa, etimologicamente, curiosidade vem da palavra latina *curiosus*, composta por "cuidado" e "cura" – *cura*. Ao considerar o que está *no coração* das coisas, escapa do perigo da história única e procura curar e cuidar da saúde de uma humanidade maior[80].

---

[78] LEDERACH, John Paul. **The moral imagination:** the art and soul of building peace. Oxford: Oxford University Press, 2005.
No original: "Art is what the human hand touches, shapes, and creates and in turn what touches our deeper sense of being, our experience. The artistic process has this dialectic nature: it arises from human experience and then shapes, gives expression and meaning to, that experience".
[79] SABETTI, Stèphano. **The path of no way:** a spiritual primer: introduction to essential inquiry and process mediation. Boston: Life energy media, 2015.; TOLLE, Eckhart. **O poder do agora.** Rio de Janeiro: Sextante, 2010.
[80] LEVINAS, Emmanuel. **Ética e infinito.** Madrid: La balsa de la Medusa, 1991.; ESTÉS, Clarissa Pinkola. **Women who run with the Wolves:** myths and stories of the wild woman archetype. London: River Wolf Press, 2017.

A atuação desconectada desse fluir natural da vida que é a criatividade, acaba impulsionando mais respostas que visam encerrar situações danosas, do que alternativas capazes de construir algo desejado. Pauta-se mais no comportamento reativo do que no agenciamento ativo. Não por acaso, pode-se constatar nossa histórica inabilidade em construir estabilidade democrática e paz durável[81].

---

[81] Cf. SCHWARCZ, Lilia Moritz; STARLING, Heloisa Murgel. **Brasil**: uma biografia. São Paulo: Companhia das Letras, 2015.

3.3 Das narrativas de violência a transformações comunitárias: o caso da Escola Municipal Anne Frank

Como dito em outro momento, uma das formas de violência consiste em começar uma história pelo que aconteceu em segundo lugar[82].

Imagine se início a narrativa do Confisco da seguinte maneira: O Confisco é um bairro periférico, na intersecção dos municípios de Belo Horizonte e Contagem. É bastante afetado por violência, sendo recorrentes relatos que envolvem tráfico de drogas, homicídio, agressão, violência doméstica e abuso sexual. Suas ruas costumam estar sujas e os imóveis, malcuidados. É comum encontrar crianças desacompanhadas na rua.

---

[82] ADICHIE, Chimamanda Ngozi. **O perigo da história única.** Disponível em: <https://www.youtube.com/watch?v=EC-bh1YARsc>. Acesso em: 12 jul. 2016.

Agora imagine uma situação diferente.
Nunca ouviste falar diretamente sobre o bairro,
nem sequer estiveste lá. Não tens amigos que
nasceram ou frequentam o Confisco. Talvez tu
sequer saibas localizá-lo no mapa da cidade. Mas,
volta e meia, ele te aparece como elemento em
notícias de impacto.

Pense em manchetes como: "jovem é
brutalmente assassinada em rua do bairro
Confisco", "traficante é encontrado morto no
Confisco", "homicídio no bairro Confisco",
"adolescente suspeito de matar estrangeiro é
apreendido no Confisco", "mulher é assassinada
por companheiro em frente a CRAS no Confisco".

Todas essas histórias, ainda que
verdadeiras, são recortes parciais. Era uma vez e
não era uma vez[83]. Tudo isso aconteceu "em

---

[83] Cf. ESTÉS, Clarissa Pinkola. **Women who run with the Wolves:** myths and stories of the wild woman archetype. London: River Wolf Press, 2017.

segundo lugar". Comecemos um pouco antes, voltemos cerca de 30 anos na história do bairro.

Dessa vez, imagine que te conto o que relatei no estudo de caso presente primeiro capítulo: o Confisco foi construído ao improviso, surgiu da necessidade de moradia de cerca de 160 famílias que ocuparam a região, onde havia um latifúndio. À exceção da fazenda, as primeiras residências eram feitas de lona e não contavam com abastecimento de água, luz, esgotamento sanitário, coleta de lixo, transporte público ou pavimentação. Os dejetos eram descartados numa área mais baixa, conhecida como "buracão", o que levou à presença constante de ratos, baratas, cobras, escorpiões e insetos no território[84].

---

[84] Dados oriundos de relatos dos moradores e do Centro de Referência Popular do Bairro do Confisco. Quanto a este último, é possível acessar relatos semelhantes na página do Centro no Facebook. Cf.: CENTRO DE REFERÊNCIA POPULAR DO BAIRRO DO CONFISCO. **Histórico do Conjunto Confisco.** Disponível em: <https://www.facebook.com/confiscobh/posts/hist%C3%B3ri co-do-conjunto-confiscoo-conjunto-confisco-nasceu-em-1988-e-est%C3%A1-localiza/440726819404942/>. Acesso em 12 set. 2018.

O Confisco começou, literalmente, aos trancos e barrancos. Mas os moradores articularam-se em redes de solidariedade que buscavam fornecer apoio a famílias desabrigadas, noticiar sobre oportunidades e eventos e prevenir violências. Atualmente, há uma rede comunitária bastante ativa chamada "Confisco pela Paz". Além disso, as ruas do bairro já são pavimentadas e é possível chegar de ônibus no local. As residências têm ligação de água e energia elétrica.

Agora imagine que te conto um pouco mais. Digo-te que uma das 18 escolas transformadoras[85] do Brasil está localizada no bairro do Confisco. Acrescendo o dado de que se trata de instituição pública municipal e que, em 2010, suas atividades foram interrompidas por toque de recolher na região.

---

[85] ASHOKA BRASIL; ALANA. **Escolas transformadoras: Sobre.** Disponível em: <http://escolastransformadoras.com.br/o-programa/sobre/>. Acesso em: 10 set. 2017.

Falo-te também que poucos anos antes a escola enfrentava grandes desafios com tráfico de drogas, crianças portando armas e adultos em cumprimento de pena invadindo o espaço para abusar sexualmente das estudantes.

Imagine se te conto que a conexão da escola com a comunidade construiu pertencimento entre ambos; se te falo que, aos sábados, moradores do bairro – sejam eles estudantes, ou não – jogam futebol na quadra da instituição, que as festividades da escola acontecem na rua, com convite para que toda a comunidade participe.

Pensa se te conto ainda mais: se te falo que estudantes e professores dessa instituição pública de ensino ganharam um financiamento internacional e foram para Amsterdã conhecer mais sobre a história de Anne Frank. Pensa na tua surpresa ao descobrir que criações desses meninos e meninas do Confisco foram expostas na Holanda.

Acreditarias se te contasse que projetos recentes da Escola Municipal Anne Frank (EMAF) ganharam diversas premiações nacionais e internacionais de direitos humanos? E se te apresentasse a profissionais extremamente competentes dessa escola que, além de realizar suas funções básicas, ainda se desdobram para materializar sonhos? E se tu conhecesses o Professor de História, Moacir Fagundes, a ex-Diretora, Sandra Mara, a Professora de Artes, Luciana, as antigas Estagiárias de História, Luiza e Gislaine?

Se te contasse que, em 2016, os estudantes do sétimo ano, juntos ao Professor Moacir e a três estagiárias investigaram a história do bairro e produziram uma história em quadrinhos (HQ) contando fatos pelo ponto em que começaram. Se te dissesse que essa HQ foi idealizada por Maria das Graças Silva Ferreira, uma das fundadoras do bairro, e fortemente apoiada pela então Diretora, Sandra Mara, como veículo para divulgação de narrativas alternativas sobre o Confisco – todas elas verdadeiras, mas menos conhecidas do que as manchetes sensacionalistas sobre violência. Isso mudaria tua imagem do Confisco?

Uma história é determinada pelo ponto que se conta[86]. A imagem do bairro e de seus moradores muda significativamente quando a história é iniciada pelo que aconteceu em primeiro lugar. A parcialidade do recorte pode ser ainda mais danosa quando é apresentado como a história definitiva, como se fosse história única. Se isso é feito por intermédio do Estado, essa violência epistêmica ganha conotação de oficialidade e pode produzir danos e traumas de grande impacto.

---

[86] ADICHIE, Chimamanda Ngozi. **O perigo da história única.** Disponível em: <https://www.youtube.com/watch?v=EC-bh1YARsc>. Acesso em: 12 jul. 2016.

Se focamos a narrativa na violência, na impotência ou na carência de um dado grupo de pessoas, por exemplo, firmaremos uma perspectiva da história que tende a ensinar pela produção de trauma. Ao contrário, o foco da história do "Confisco pelo Confisco" é protagonismo e transformação social. Vou te contar o que ouvi da comunidade.

Era uma vez, há pouco tempo, num bairro muito distante, Moacir Fagundes, um Professor de História de uma escola municipal chamada Anne Frank. Moacir gostava de história: da oral e da escrita, da contada e da não-dita.

Certo dia, enquanto dava aula para os estudantes do sétimo ano, foi interrompido pelo barulho na sala. Foi quando ouviu um estudante xingando outro de "confisqueiro". E desde quando lugar de nascença é razão de ofensa? Desde muito, ele bem sabia; afinal, era professor de História.

Poderia ter dado um suspiro e continuado a aula, mas aquilo inquietou Moacir. Como Paulo Freire, ele acreditava que "não há palavra verdadeira que não seja práxis. Daí que dizer a palavra verdadeira seja transformar o mundo[87]".

Onde poderia ter visto um ato qualquer de indisciplina, o Professor enxergou a vergonha dos estudantes de se identificarem como moradores do Confisco. Notou também que eles preferiam dizer que moram "depois do zoológico" a nomear o bairro de suas casas.

Como podia ensinar história da Europa e ignorar a aquela tão próxima de si, que já batia a sua porta antes mesmo de ser convidada? Mas os livros didáticos não ensinavam aquilo. O Ministério da Educação parecia ignorar que, entre Belo Horizonte e Contagem, num território fronteiriço, há o bairro do Confisco, cheio de história para contar.

---

[87] FREIRE, Paulo. **Pedagogia do oprimido**. Rio de Janeiro: Paz e Terra, 2011, p. 89.

Mas Moacir não se deu por satisfeito. Foi então que começou a lançar questões para a turma: "e aí, gente, por que vocês acham que é tão ruim morar aqui?", "Alguém sabe a história do bairro?", "Alguém sabe por que é que tem esse nome?".

Moacir convidou os meninos e meninas da classe a pesquisarem com ele a história do bairro e eles toparam. Um dia, encontraram-se todos na arquibancada da escola. O Professor levou uma maquete do Confisco. Ela era bonita e os estudantes gostaram de olhar aquele mini-bairro diante deles. Em poucos instantes, passaram a reconhecer localidades reais na miniatura. Alguns apontavam surpresos ao encontrar suas casas.

Moacir fez uma surpresa: anunciou que, naquele momento, duas fundadoras do bairro estavam na escola. Uma delas era funcionária da EMAF, a outra, liderança comunitária. Como caça ao tesouro, agora as meninas e meninos deveriam buscar as respostas para as informações que não tinham. A diferença é que, ao final, todas levariam algo a mais consigo, não se tratava de jogo que só faz um único rico.

Agora, estudantes e professor queriam saber cada vez mais. Moacir e as estagiárias foram ao Arquivo Público Mineiro e ao Arquivo Público de Belo Horizonte pesquisar sobre a história do bairro. Eles coletaram fotos antigas do Confisco e encontraram manchetes de jornais, todas negativas. Levaram o resultado da pesquisa para a turma. Foi quando aconteceu a "aula da indignação": "os estudantes ficaram indignados com as manchetes, foi um tumulto[88]".

Moacir optou por transformar a fúria da turma em aprendizado. Luiza, uma das estagiárias, sugeriu que a classe comunicasse a história que queria contar por meio de fotos. Foi quando ela e outras duas estagiárias deram uma oficina

---

[88] Fragmento da fala do Professor Moacir Fagundes em entrevista da pesquisa de campo.

ensinando técnicas de fotografia para estudantes do sétimo ano. O ensino alcançou a rua.

Os meninos e meninas foram às ruas do bairro acompanhados dos adultos envolvidos no projeto. Além de fotografar, entrevistavam moradores para saber mais sobre suas impressões sobre o Confisco, as condições de moradia no território e se já havia omitido, por alguma razão, que vivia no bairro.

As pesquisadoras queriam abordar todos os temas que não sabiam sobre a história do bairro e que gostariam de conhecer. Entre as perguntas levantadas, as principais foram: "por que o nome Confisco?"; "de onde as pessoas vieram?"; "por que foram para o bairro?"; e "como era o território quando chegaram lá?".

Também foram propostas questões sobre o orçamento participativo, que já haviam descoberto que tinha transformado a área conhecida como "buracão". Queriam ter acesso à história do bairro contada diretamente pelas suas protagonistas.

Nesse processo, perceberam que a história do Confisco era narrada por mulheres, descobriram também que elas eram maioria quantitativa nas ocupações que deram origem ao bairro. A maior parte dessas mulheres era "mãe solteira" ou separada. Em outros casos, seus companheiros trabalhavam distante, sendo muito comum que estivessem na construção civil, no estado de São Paulo. Foi assim que descobriram que, das 38 casas próximas à escola, apenas três têm registro em nome de homens em suas escrituras.

Impressionados com a riqueza do conhecimento que não estava presente nos livros, estudantes e professor passaram a chamar as moradoras originárias do bairro de *pessoas-livro*: já que não havia livro didático que informasse a gênese da comunidade, eram elas as fontes históricas primárias da narrativa.

Mas perceberam que podiam fazer ainda mais, poderiam criar os próprios livros, nos quais escreveriam a história que ouviram das fundadoras do Confisco. Foi assim que a turma do sétimo ano realizou o sonho de Graça e criou a HQ com a história do Confisco!

A revistinha ganhou as ruas e saiu da periferia: chegou até o centro de Belo Horizonte e foi projetada nos prédios da Praça da Liberdade, um importante espaço público da cidade. Foi assim que os estudantes realizaram o que queriam quando vivenciavam a "aula da indignação". Criaram o próprio material didático, escreveram a história do bairro e viveram felizes no instante!

Agora que já sabes as linhas gerais dessa história, te contarei mais alguns detalhes. Dessa vez, usando a voz direta dos entrevistados. Antes, te apresento uma fala do Moacir[89] no início dos quadrinhos:

> Anne dizia: "Tenho vontade de escrever, e tenho uma necessidade ainda maior de tirar todo tipo de coisas de dentro do meu peito", dirão nossos estudantes: "... temos necessidade ainda maior de tirar todo tipo de coisas de dentro do nosso bairro"... para então, chegarmos dentro dos nossos peitos".

Em entrevista à pesquisa de campo, o Professor relembra:

> Ao final de cada entrevista, a gente presenteava elas [as fundadoras do bairro] com um vaso de flores. Era como se a gente estendesse o tapete pra elas. Elas chegavam na escola super felizes, super empoderadas. **Era visível a satisfação delas estarem narrando a história delas. E os**

---

[89] ESCOLA MUNICIPAL ANNE FRANK. **História do Confisco em Quadrinhos.** Belo Horizonte: s. e., 2016.

meninos ali, atentos, gravando, registrando. Nesse processo, surgiu a questão da *pessoa-livro*. No início, os meninos começaram a perceber o seguinte: 'onde é que a gente vai pesquisar sobre o bairro?'. Eu sabia que tinha uma coleção do Arquivo Público que falava sobre os bairros e que tinha alguma coisa também de informação em jornal, internet, mas era pouca informação. **Eu mostrei pra eles que não tinha nada na biblioteca e no livro de história sobre o bairro. 'É história, né? E por que não tem história do bairro?' - questionei isso também. [...] 'Se não tem nada no livro didático, como a gente vai aprender isso?' 'Ah, vamos entrevistar as pessoas mais velhas do bairro!' Eu fui jogando pistas de que elas eram fonte de conhecimento e uma menina, a Rayane, falou assim: 'ah, professor, entendi, então elas são pessoas, mas são livros, por que quando a gente quer conhecer alguma coisa a gente procura os livros'.** Aí a gente passou a usar esse conceito, que eu sinto muito orgulho de ter sido criado por nós. [...] Eu transcrevi essas entrevistas nas madrugadas, aí já foi trabalho do professor. **Passei várias**

> madrugadas transcrevendo pra depois fazer uma seleção de temas pro enredo que queríamos pra história em quadrinhos a partir dos temas principais que surgiram nas entrevistas, não só os que propomos, mas os que fugiram deles. [...] Em cada tema, separamos a fala de cada *pessoa-livro*. Demos uma cor pra fala de cada uma delas e fizemos um painel com as falas no pátio da escola. [ênfase acrescida]

Ao final desse processo, procurou trabalhar com os estudantes a relação entre a história da comunidade e a do diário de Anne Frank, vítima do Holocausto, que dá nome à escola. Segundo Moacir, assim como a garota judia, as crianças e adolescentes do Confisco estão à margem do Estado e vivem em situação de opressão em razão dessa marginalidade, de serem sujeitos periféricos, majoritariamente negros e pobres.

A escola contou com o apoio de voluntários ligados à Universidade Federal de Minas Gerais

(UFMG), ao seu corpo docente e mesmo de pessoas com algum vínculo direto ou indireto com o bairro para oferecer oficinas de quadrinhos, ilustração e roteiro para os estudantes. Nesse período, também foram feitas atividades de campo para fotografar o cotidiano do bairro e de seus moradores. Os estudantes tiraram cerca de 600 a 700 fotos, que foram reveladas e analisadas pelo grupo, sendo selecionadas 50 delas. As fotos que separam os capítulos desta tese são fruto desse projeto.

Moacir relata que:

> Eu queria muito que todo mundo participasse, mas quando é em outro horário, faço por adesão, não escolho [os estudantes participantes], não. A minha ideia era que todo mundo desenhasse tudo. Eu não queria selecionar, como se só os melhores pudessem fazer os quadrinhos. Não ia por essa lógica. [...] A própria situação apresentou a solução. Todos eles desenharam, de uma forma ou

de outra, em determinado momento. Desenharam as entrevistas, os cenários.. todo mundo desenhou. Mas quando fomos partir, junto com a professora de arte, a Luciana, pro desenho mesmo, pra transformar o enredo em desenho, vários meninos e meninas que participaram desde o início foram deixando pros outros. 'Professor, esse negócio de fazer personagem eu não consigo, não. Tentei aqui, mas o João sabe fazer isso, a Kemily sabe'. Foram fazendo isso até finalizar e no final ficaram três: o Ryan [Lucas], o João Vítor [Souza] e a Kemily [Pereira], que fizeram os desenhos finais da revistinha. Os diálogos, o tema e o enredo criamos juntos também. [...] A Anne Frank entrou como convidada especial. Qual que era o lance, ela chegava no bairro, que não conhecia, e as pessoas viriam apresentar o território pra ela. [...] Um deles deu a ideia de a gente fazer uma máquina do tempo. A máquina do tempo deu um tilte e jogou a Anne Frank em 2016 no Confisco.

Na versão em quadrinhos, a história do bairro é contada pela Anne Frank, que, na narrativa, vai visitar o Confisco para conhecer a história da comunidade. A história foi dividida em sete partes: "Anne Frank em: a história do Confisco"; "Por que Confisco?'; "Ocupação"; "Duas cidades"; "Buracão... o. p. ... praça!!!"; "A escola Anne Frank"; e "História de mulheres".

No lançamento da revistinha, os estudantes envolvidos deram autógrafos no auditório da escola para membros da comunidade escolar e familiares. Além disso, foi produzida uma exposição fotográfica, a "Confisco pelo Confisco", com fotos tiradas pelos próprios estudantes, a partir dos seus olhares, usando equipamentos emprestados pela UFMG. Com isso, pretendiam-se contrapor à ideia pejorativa que a grande mídia constrói e difunde sobre o bairro.

A exposição foi selecionada para uma mostra no Espaço do Conhecimento da UFMG e passou cerca de um mês veiculada no ponto central de Belo Horizonte: o Circuito Cultural da Praça da Liberdade. As 50 fotos selecionadas eram projetadas no muro de um dos espaços culturais que cerca a Praça.

Na noite de lançamento, os estudantes foram levados para a Praça da Liberdade. Moacir relembra:

> Você precisava ver a alegria deles! A satisfação de quando viram o nome deles projetado na faxada digital, as fotos que eles tiraram. 'Olha ali a minha casa, a casa da Carla'. [...] Teve aplauso, teve coro. Eles começaram a gritar: 'ah, Anne Frank!'. [...] Eles fizeram o maior sucesso. A exposição já andou pra alguns lugares: foi exposta na praça do bairro, no CRAS, na escola, na UFMG, na Regional Pampulha, sabe? [...] Foi tudo muito coletivo, tudo compartilhado. Numa outra forma de comunicar. Uma imagem mais legal do bairro. [...] Já apresentamos em congressos, em faculdades, museus [...] e já

temos dado oficinas sobre essa metodologia para professores sobre história oral e história local, sobre patrimônio [...] o projeto desencadeou um monte de ações e abriu um monte de possibilidades. E até hoje não parou. [...] Ganhamos prêmio nacional de direitos humanos do MEC e, por isso, eu fui representando o país lá em Cartagena, na Colômbia, num seminário de educação. Então o projeto tem cumprido o objetivo de espalhar uma imagem e narrativa positiva do bairro, em contraposição à negativa que a mídia contrói.

A exposição "Confisco pelo Confisco" pretendeu criar seus próprios valores, divulgar seus olhares. Foi, por isso, meio de difusão do que Augusto Boal chamou de *Estética do Oprimido*.

Não basta consumir cultura: é necessário produzi-la. Não basta gozar arte: necessário é ser artista! Não basta produzir ideias: necessário é transformá-las em atos sociais, concretos e continuados.
[...] *ser humano é ser artista!*

Arte e Estética são instrumentos de libertação[90]. [grifos no original]

Ainda nas palavras do autor:

Arte é o objeto, material ou imaterial. Estética é a forma de produzi-lo e percebê-lo. Arte está na coisa; Estética, no sujeito e em seu olhar.
Existem saberes que só o Pensamento Simbólico pode nos dar; outros, só o Sensível é capaz de iluminar. Não podemos prescindir de nenhum dos dois.
No confronto com o pensamento único, temos que ter claro que a política não é a "arte de fazer o que é possível fazer", como é costume dizer, mas sim *a arte de tornar possível o que é necessário fazer.*
Cidadão não é aquele que vive em sociedade – é aquele que a transforma!
Arte não é adorno, palavra não é absoluta, som não é ruído, e as imagens falam, convencem e dominam. A esses três Poderes – Palavra, Som e Imagem – não

---

[90] BOAL, Augusto. **A estética do oprimido.** Rio de Janeiro: Garamond, 2009, p. 19.

> podemos renunciar, sob pena de
> renunciarmos à nossa condição
> humana[91]. [grifos no original]

Ao compreenderem-se criadores das imagens e das narrativas do território, estudantes e professor mobilizaram dois dos três poderes que o Augusto Boal reconhece presentes na condição humana.

Sandra Mara aponta que esse trabalho levou ao empoderamento das lideranças comunitárias, que passaram a ver o valor, reconhecimento e divulgação de suas narrativas pela comunidade escolar e, em um segundo momento, pela mídia. Moacir conta que

> Quando fomos a Brasília receber o prêmio de direitos humanos em educação, pagaram minha passagem e a da Sandra, que era Diretora. Mas nós fizemos uma vaquinha e levamos a Graça, que é uma das pessoas mais

---

[91] BOAL, Augusto. **A estética do oprimido**. Rio de Janeiro: Garamond, 2009, p. 22.

atuantes. [...] Você precisa ver como a Graça foi tratada lá, de forma maravilhosa. Ela foi a protagonista e nós fomos os coadjuvantes. Era como se eles estendessem o tapete vermelho pra ela. Afinal, ela era personagem viva de uma história que estava sendo contada. Ela era narradora e personagem. A fala dela tinha uma legitimidade fora do comum. A fala dela tem um valor e um peso muito maior do que a minha narrativa ou do que a narrativa da Diretora. [...] Ela foi reverenciada. Isso, pra mim, foi de um valor imenso!

Além disso, a ex-Diretora disse que o trabalho transformou os adolescentes envolvidos. Segundo narra,

as meninas e meninos puderam ver que o bairro que eles moravam tinha uma história e que aquelas pessoas que estavam contando aquela história para eles sentiam orgulho da luta, da conquista, de tudo o que eles construíram ali. E esse orgulho dessa comunidade, dessas lideranças, de certa forma, reverberou nos meninos e meninas. Tanto que eu pude acompanhar algumas entrevistas dos meninos para revistas e alguns programas que as pessoas perguntavam pra eles o que eles achavam do projeto, e eles falavam que eles aprenderam a gostar da comunidade através do relato dessas lideranças, dessas primeiras pessoas que foram ali construir a sua moradia, construir a sua vida. E aí a mídia, que tinha até então uma visão negativa da comunidade, passou a ter uma visão positiva através do trabalho daqueles estudantes.

Com a revista em quadrinhos, a história do Confisco é narrada com foco na força e resiliência da comunidade. As mulheres que lideraram o movimento por moradia digna no território tiveram suas histórias e vozes legitimadas, os estudantes pesquisaram e foram autores da própria história.

Mais do que se reconhecer no bairro, os quadrinhos mostram que é possível que eles sejam autores e personagens dos livros, mostra que sua história é também legítima e que, por isso, tem valor. A HQ conta não só narrativas alternativas, como é ela própria a materialização de uma narrativa desejada.

O professor pontua:

> Tive vários indícios de que o projeto estava cumprindo sua função. A primeira foi: se antes diziam que não gostavam do bairro, como no meio do processo ficam indignados com a fala da manchete do jornal? [...] a segunda foi quando **a Ana Clara, que era uma das que mais negava o território, falou pra uma *pessoa-livro*: 'como vocês sofreram tanto pra construir as casas e as pessoas falam tão mal até hoje do bairro? Noh, igual eu, né? Que eu falava... mas agora eu não falo mais, só falava quando não conhecia'. [...] e muita gente procura a gente querendo acrescentar algo na história. [...] tem surgido uma batalha de narrativas.** Isso, pro historiador, é muito interessante. **Tem muita gente querendo contar sua versão.**

> **Aquela não é uma versão única.**
> **Tem mais espaço pra outras**
> **versões e pra mais pesquisa.** [...]
> Eu sinto muito orgulho desse
> projeto. [...] tem uma série de
> vertentes que se abre pro
> projeto: gênero, história local *x*
> mundial, história oral,
> participação maravilhosa de dois
> dos nossos meninos que têm
> deficiência. [ênfase acrescida]

O sucesso do projeto não aquietou o professor. Ao contrário, ele continua motivado e cheio de novos sonhos a realizar na comunidade. Como lembra Moacir, "a aprendizagem é incessante".

Esse é só o começo. Mas, como sabemos, um agir não-violento demanda começar as histórias pelo seu início. Não sem razão, primeiro a Justiça Restaurativa desponta como prática, só então como teoria.

Espero ter conseguido narrar um pouco dos fundamentos da Justiça Restaurativa respeitando e honrando o que aconteceu "em primeiro lugar".

Foi com isso em mente que me propus a escrever este livro. Foi também com esse propósito que estruturei seus três capítulos de conteúdo na seguinte ordem: conexão, conflito, violência.

Que, na nossa trajetória restaurativa, não esqueçamos que conflito e violência podem demandar respostas urgentes, mas que o ponto central que estrutura a prática restaurativa é a conexão. Que tenhamos a consciência de que falar de JR também demanda esse cuidado com o perigo da história única.

Agir de modo restaurativo não está tanto no que se faz, mas em como se faz, inclusive em como se conta essa história.

REFERÊNCIAS

ADICHIE, Chimamanda Ngozi. **O perigo da história única.** Disponível em: <https://www.youtube.com/watch?v=EC-bh1YARsc>. Acesso em: 12 jul. 2016.

AMARAL FILHO, Nemézio C. As perigosas fronteiras da "comunidade": um desafio à comunicação comunitária. In.: PAIVA, Raquel; SANTOS, Cristiano Henrique Ribeiro dos. (Org.). **Comunidade e contra-hegemonia:** rotas de comunicação alternativa. Rio de Janeiro: Mauad X: FAPERJ, 2008.

ANDERSON, Benedict. **Comunidades imaginadas:** reflexiones sobre el origen y la difusión del nacionalismo. Ciudad de Mexico: Cultura Libre, 1993.

ASHOKA BRASIL; ALANA. **Escolas transformadoras: Sobre.** Disponível em: <http://escolastransformadoras.com.br/o-programa/sobre/>. Acesso em: 10 set. 2017.

BHABHA, Homi K. **O local da cultura.** Belo Horizonte: Editora UFMG, 2003.

BOAL, Augusto. **A estética do oprimido.** Rio de Janeiro: Garamond, 2009.

BOURDIEU, Pierre. **O poder simbólico.** Rio de Janeiro: Bertrand Brasil, 2012.

BRAITHWAITE, John. Does restorative justice work? In.: _____. **Restorative justice and responsive regulation.** Oxford: Oxford University Press, 2002. pp. 45-72.

_____. Doing Justice Intelligently in Civil Society, **Journal of Social Issues,** vol. 62, n. 2, 2006, pp. 393-409.

BUBER, Martin. **Sobre comunidade.** São Paulo: Perspectiva, 2012.

CARRILLO, Alfonso Torres. **El retorno a la comunidad**: problemas, debates y desafíos de vivir juntos. Bogotá: Fundación Centro Internacional de Edicación y Desarrollo Humano, 2017.

CALVO SOLER, Raúl. **Mapeo de conflictos:** técnica para la exploración de los conflictos. Barcelona: Gedisa, 2014.

CARVALHO, Mayara. **Justiça Restaurativa na Comunidade:** uma experiência em Contagem-MG. Belo Horizonte: s. e., 2019.

CARVALHO, Mayara; COELHO, Juliana. Autocomposição judicial: o meio mais rápido e barato para a macdonaldização das decisões? Análise segundo o CPC que ama muito tudo isso. In.: CORDEIRO, Juliana; NORATO, Ester; MARX NETO, Edgard. **Novas tendências:** diálogos entre direito material e processual. Belo Horizonte: D'Plácido, 2018.

CARVALHO, Mayara; JERONIMO, Lucas; SILVA, Elaine Cristina da. **Comunicação Não-Violenta:** diálogos e reflexões. Belo Horizonte: Instituto Pazes, 2020.

CENTER FOR JUSTICE AND PEACEBUILDING. **Strategies for Trauma Awareness and Resilience:** Level I Participant Manual. Harrisonburg: Eastern Mennonite University, 2017.

CENTRO DE REFERÊNCIA POPULAR DO BAIRRO DO CONFISCO. **Histórico do Conjunto Confisco.** Disponível em: <https://www.facebook.com/confiscobh/posts/his t%C3%B3rico-do-conjunto-confiscoo-conjunto-confisco-nasceu-em-1988-e-est%C3%A1-localiza/440726819404942/>. Acesso em 12 set. 2018.

COUTINHO, Eduardo. **Santa Marta:** duas semanas no morro. Brasil, 1987, 50 min.

DEUTSCH, Morton. A resolução do conflito. In.: AZEVEDO, Andre Gomma de. (Org.). **Estudos em arbitragem, negociação e mediação.** Brasília: UNB, 2004.

_____. Cooperation, Conflict, and Justice. In.: BIERHOFF, Hans Wermer; COHEN, Ronald;

GREENBERG, Jerald. (Ed.). **Justice in Social Relations.** Ontario: Melvin J. Lerner, 1986.

_____. Cooperation, competition, and conflict. In.: COLEMAN, Peter; DEUTSCH, Morton; MARCUS, Eric. (Ed.). **The handbook of conflict resolution:** theory and practice. San Francisco: Jossey-Bass, 2014.

ÉFESO, Heráclito de. **Heráclito:** los fragmentos. Montreal: Laodamia Press, 2013.

ESCOLA MUNICIPAL ANNE FRANK. **História do Confisco em Quadrinhos.** Belo Horizonte: s. e., 2016.

ESTÉS, Clarissa Pinkola. **Women who run with the Wolves:** myths and stories of the wild woman archetype. London: River Wolf Press, 2017.

FANON, Frantz. **Pele negra máscaras brancas.** Salvador: EDUFBA, 2008.

FREIRE, Paulo. **Pedagogia do oprimido**. Rio de Janeiro: Paz e Terra, 2011.

GADE, Christian B. N. "Restorative Justice": History of the Term's International and Danish Use. In.: NYLUND, Anna; ERVASTI, Kaijus; ADRIAN, Lin. (Ed.). **Nordic Mediation Research**. S.l.: Springer, 2018.

HALABY, Mona Hajja. **Belonging:** creating community in the classroom. Cambridge: Brookline Books, 2000.

HOLMAN, Peggy. **Engaging emergence:** turning upheaval into opportunity. San Francisco: Berret Koehler, 2010.

_____. **The change handbook:** group methods for shaping the future. San Francisco: Berret Koehler, 1999.

JUPIARA, Aloy; OTAVIO, Chico. **Os porões da contravenção:** jogo do bicho e ditadura militar: a história da aliança que profissionalizou o crime organizado. Rio de Janeiro: Record, 2015.

KIVA INTERNATIONAL. **Evidence of effectiveness in Finland and elsewhere.** Disponível em: < http://www.kivaprogram.net/is-kiva-effective>. Acesso em: 11 nov. 2018.

LEDERACH, John Paul. **The moral imagination:** the art and soul of building peace. Oxford: Oxford University Press, 2005.

_____. **Transformação de conflitos.** São Paulo: Palas Athena, 2012.

LEMINSKI, Paulo. **Toda Poesia.** São Paulo: Companhia das Letras, 2013.

LEVINAS, Emmanuel. **Ética e infinito.** Madrid: La balsa de la Medusa, 1991

_____. **Violência do rosto.** São Paulo: Loyola, 2014.

MACHADO, Regina. **A arte da palavra e da escuta.** São Paulo: Reviravolta, 2015.

MACKAY, Robert E. The nexus between rights and restorative justice: using a case example of an organization 'C' – the right – or moral and spiritual claim – to recognition. In.: GRAVIELIDES, Theo; ARTINOPOULOU, Vasso. **Reconstructing restorative justice philosophy.** Surrey: Ashgate Publishing Limited, 2013.

MELO, Bendita Portugal e. **(Re)pensar a violência escolar à luz das estratégias de intervenção em territórios educativos de intervenção prioritária.** Disponível em: <http://repositorio.ul.pt/bitstream/10451/11003/1/repensar%20a%20violencia%20escolar.pdf>. Acesso em: 01 jul. 2018.

NADER, Laura. **Harmonia coercitiva:** a economia política dos modelos jurídicos. Disponível em: <http://www.anpocs.org.br/portal/publicacoes/rbcs_00_26/rbcs26_02.htm>. Acesso em: 10 fev. 2016.

OLB, Jon; PARRY, Madeleine. **Hannah Gadsby:** Nanette. 69 min. Austrália. 2018.

PARKER, Christine. Public Rights in Private Government: Corporate Compliance with Sexual Harassment Legislation, **Australian Journal of Human Rights**, 6, 5(1), 1999, p. 159-193. Disponível em: <http://classic.austlii.edu.au/au/journals/AUJlHRig hts/1999/6.html>. Acesso em 12 fev. 2017.

PECK, Raoul. **I am not your Negro**. Estados Unidos da América, 93 min., 2016.

PRANIS, Kay. **Processos circulares.** São Paulo: Pala Athenas, 2010.

PRANIS, Kay; STUART, Barry; WEDGE, Mark. Circles: a paradigm shift in how we respond to crime. In.: _____. **Peacemaking circles:** from conflict to community. St. Paul: Living Justice Press, 2003.

REDE MINAS. Jornal Minas. **Série Confisco:** História Revista – Episódio 1. Disponível em: <https://www.youtube.com/watch?v=wM86YlgFe -A>. Acesso em: 01 out. 2018.

_____. **Série Confisco:** História Revista – Episódio 2. Disponível em: <https://www.youtube.com/watch?v=75z_K7DtFAl&feature=youtu.be>. Acesso em: 01 out. 2018.

_____. **Série Confisco:** História Revista – Episódio 3. Disponível em: <https://www.youtube.com/watch?v=73fTyKoB5Xc>. Acesso em: 01 out. 2018.

RICOEUR, Paul. **Outramente**: leitura do livro Autrement qu'être ou au- delà de l'essence de Emmanuel Lévinas. Petrópolis: Vozes, 2008.

SABETTI, Stèphano. **The path of no way:** a spiritual primer: introduction to essential inquiry and process mediation. Boston: Life energy media, 2015.

SAHLINS, Marshall. Heráclito x Heródoto. In: _____. **Esperando Foucault, ainda.** São Paulo: Cosac Naif, 2013.

SARTRE, Jean-Paul. **Réflexions sur la question juive.** Paris Gallimard, 1985.

SCHWARCZ, Lilia Moritz; STARLING, Heloisa Murgel. **Brasil**: uma biografia. São Paulo: Companhia das Letras, 2015

SEGATO, Rita Laura. Antropologia e direitos humanos: alteridade e ética no movimento de expansão dos direitos universais. **MANA**, 12(1): 207- 236, 2006.

_____. La argamassa jerarquica: violencia moral, reproducción del mundo y la eficácia simbólica del Derecho. In.: _____. **Las estructuras elementales de la violencia:** ensayos sobre género entre la antropologia, el psicoanálisis y los derechos humanos. Bernal: Universidad Nacional de Quilmes, 2003.

SENGE, Peter. Et al. **Presence**: exploring profound change in people, organizations and society. London: Nicholas Brealey Publishing, 2005.

SHERMAN, Lawrence; STRANG, Heather. **Restorative Justice:** the evidence. London: The Smith Institute, 2007.

SPIVAK, Gayatri Chakravorty. **Pode o subalterno falar?** Belo Horizonte: Editora UFMG, 2014.

TOLLE, Eckhart. **O poder do agora.** Rio de Janeiro: Sextante, 2010.

TRAVISAN, Maria Carolina. **O Brasil é o país que mais mata por arma de fogo no mundo.** Disponível em: <http://flacso.org.br/?publication=o-brasil-e-o-pais-que-mais-mata-por-arma-de-fogo-no-mundo>. Acesso em: 31 out. 2018.

UNITED NATIONS DEVELOPMENT PROGRAMME. **Democratic Dialogue:** a handbook for parctitioners. Stromsborg: International Idea, 2007.

YODER, Carolyn E.; BARGE, Elaine Zook. **Strategies for Trauma Awareness and Resilience**: The Unfolding Story. Harrisonburg: Center for Justice and Peacebuilding, 2012.

ZEHR, Howard. **Changing lenses:** restorative justice for our times. Harrisonburg: Herald Press, 2015. Twenty-fifth anniversary edition.

ZELLERER, Evelyn. Realizing the potential of restorative justice. In.: GRAVIELIDES, Theo; ARTINOPOULOU, Vasso. **Reconstructing restorative justice philosophy.** Surrey: Ashgate Publishing Limited, 2013.

SOBRE A AUTORA: PERCURSO ACADÊMICO

Mayara Carvalho é co-fundadora do Instituto Pazes. Doutora em Direito pela UFMG, com pesquisa em Justiça Restaurativa Comunitária. Mestra em Ciências Jurídicas pela UFPB e graduada em Direito pela UFRN. É pesquisadora de pós-doutorado em Justiça Restaurativa pelo Programa de Pós-graduação em Direito da UERJ.

Coordena a especialização em Justiça Restaurativa da PUC Minas, onde também é professora. É professora, pesquisadora e facilitadora de processos e práticas restaurativas e de Comunicação Não-Violenta.

É avaliadora de diversos periódicos jurídicos e de ciências humanas. Foi professora conteudista do Programa NÓS de Justiça Restaurativa, tendo auxiliado na concepção e implementação do programa nas escolas estaduais e municipais localizadas em Belo Horizonte.

Foi Acompanhante Ecumênica na Palestina e em Israel (EAPPI/WCC), ocasião na qual monitorou violações de direitos humanos, ofereceu presença protetiva a grupos vulneráveis e prestou ajuda humanitária. Compõe a Comissão de Justiça Restaurativa do Fórum Socioeducativo de Belo Horizonte.

Publicações da autora:

https://mayaracarvalho.academia.edu/research

Contatos:

mdecarvalho@live.com

www.pazes.com.br

Instagram: @maylizarb

Instagram: @institutopazes

SOBRE A AUTORA: MINHAS PALAVRAS

Nasci em Natal, pertinho do mar. Uma cidade linda, mas cheia de violência te soa familiar? Esse misto de beleza e assombro me inquietava. Tinha tanto medo do ódio e da violência que, desde cedo, passei a estudar e me envolver com esses temas.

Quando entrei na faculdade, ainda não sabia bem por onde ir, mas tinha consciência do que havia me levado até lá: queria trabalhar com conflito e com prevenção a violência.

Segui caminhando por aí, trabalhando com Justiça Restaurativa, direitos humanos e transformação de conflitos. Foi quando duas experiências mudaram substancialmente o rumo que eu vinha seguindo.

O período em que trabalhei com ajuda humanitária e com conflitos de guerra na Palestina e em Israel me fez saltar os olhos e o coração. Eu já não era mais a mesma, havia visto e aprendido sobre um novo mundo e outras maneiras de se relacionar e construir paz.

A segunda experiência foi minha pesquisa de campo do doutorado. Eu vinha estudando justiça restaurativa de base comunitária e já caminhava para a minha defesa quando me perguntei: "quem eu penso que sou para ser 'doutora em justiça comunitária' se ainda não busquei verdadeiramente esse comum-em-mim?".

Desacelerei o passo e fui procurar entrar em contato com minhas próprias narrativas e com minhas experiências de apoio. Encontrei primeiro a coerência. Quando o título chegou, já nem era tão importante, mas me soava verdadeiro. Sigo descobrindo o comum-em-mim, mas agora faz ainda mais sentido me enxergar uma-com-tudo-que-existe.